2000年前から
ローマの哲人は知っていた

# 人と仲良くする方法

An Ancient Guide to True Friendship

キケロ
Cicero

フィリップ・フリーマン編
竹村奈央訳

文響社

# はじめに

マルクス・トゥッリウス・キケロの親友は、名をアッティクス[1]といった。彼は、大人になってからの長い年月を、アテナイで送った。キケロとは少年時代に親友となり、それは長い生涯の最後まで変わらなかった。

ローマの政治に身を捧《ささ》げたキケロは、人生の大半をその不穏な街で過ごした。彼の生きた紀元前1世紀は、すさまじい激動と内乱の時代であった。一方のアッティクスは、アテナイという遠く離れた安全な場所からローマの政治を眺めつつ、故郷ローマで敵対する両陣営の主要人物たちと、親しいつき合いを続けていた。

**物理的には離れていることの多い2人であったが、キケロとアッティクスは長年に**

1) ティトゥス・ポンポニウス・アッティクス(紀元前110~前32年)。キケロの少年時代からの親友。ギリシア、なかでもアッティカ地方のアテナイの街を愛していたため、アッティクスと名乗っていた。

**わたり、手紙のやりとりをした。**

**その文面からは、互いへの類いまれな献身と、温かな愛情が伝わってくる。**

紀元前44年、キケロは60代——当時のローマでは老人といえる——で、ユリウス・カエサルの独裁によって政治権力の場から追われた末、ローマを離れて別荘で暮らしていた。

追放された上に、最愛の娘を失って間もない彼は、その痛みをやわらげるため、執筆活動に勤《いそ》しむようになった。そして、たった数か月で、その当時までに書かれた随筆のうちでも最も読みやすく、影響力を備えた作品をいくつも著した。

テーマは、神々の本質や政府のあるべき役割から、歳《とし》を重ねる喜び、人生に幸せを見出す秘訣《ひけつ》、といったことまで多岐にわたる。

そのなかには、アッティクスに捧げられた、友情に関する短い評論もあった。

## 2000年読み継がれる「人づき合い」の手引書

**『友情について（De Amicitia）』は、このテーマに関する著作のなかでも、最高峰とい**

**えるだろう。**

この著作にある偽りのない助言は、率直であり、心動かされるものだ。

これは、古代の書物としては珍しいことである。なぜなら、ローマ人のなかには、友情を主に実用性の面から「互いに利用し合う関係」と考える向きもあったからだ。

キケロは、そうした友人関係が大切であることを否定はしないが、実利主義の先へとたどり着き、より深い種類の友情を賛美している。

**深い友情で結ばれた2人の人間は、互いを自分の分身のように感じ、相手から利益や有利な立場を得ようとすることはない。**

プラトンやアリストテレスといったギリシアの哲学者たちは、それより200年以上前に、友情についての著作を残した。実際にキケロは、これら友情論の古典から多大な影響を受けている。

しかし、彼は先人たちを凌《しの》ぎ、この短い対話編の形で、説得力のある手引書を生み出した。

**本書により、わたしたちは人生で大切な仲間を見つけ、友情を育《はぐく》み、その人物を正しく理解することができるだろう。**

「相手が、自分に何をしてくれるか」といった損得勘定を離れ、自分と同類の魂を相手のなかに見出すがゆえに、大切に思える――そんな関係である。

本書の内容は、作品の執筆時より何十年も前の紀元前129年に、ローマの将軍であり、雄弁家でもあるラエリウス[2]という名の老人と、彼の歳若い2人の娘婿、ファンニウス[3]とスカエウォラ[4]の3人が、庭園で交わした会話、という形を取っている（13ページ図参照）。

ラエリウスは、その数日前にスキピオ・アフリカヌスという親友を亡くしたばかりで、その死を悼んでいた。

若い2人は、ラエリウスに**「親友スキピオと終生をともに過ごすなかで、真の友情についてどんなことがわかったか、教えてほしい」**と乞《こ》う。ラエリウスは初め抵抗を示したが、やがて彼らに語り始める……。

キケロによれば、何十年もたってから、今度はスカエウォラが、その日に学んだことをキケロに話して聞かせた、ということである。

このときキケロは、スカエウォラに師事する若者で、スカエウォラは政界の長老であり、法律の大家となっていた。

**キケロはそのとき聞いた、ラエリウスが友情の本質について語った言葉――実際にはキケロ自身の言葉――をしたためて、友人のアッティクスに、そして、何世紀にもわたる数多くの読者に伝えた**のだ。

**最高の仲間と出会うための「10の助言」**

『友情について』には、いつの時代にも有効な助言が、多くおさめられている。

たとえば、次のようなものだ。

2）ガイウス・ラエリウス。紀元前140年の執政官（国家の最高政務官）。「賢人」の愛称で呼ばれた。
3）ガイウス・ファンニウス。紀元前122年の執政官。ラエリウスの娘婿の1人。
4）クウィントゥス・ムキウス・スカエウォラ。高名な法律家。紀元前117年に執政官をつとめた。ラエリウスの娘婿の1人。

## 1．友情には、さまざまな種類がある

キケロは「人生には、よい出会いが数多くある」と認めている。仕事仲間であれ、隣人や種々の知り合いであれ、わたしたちはそうした相手を「友人」と呼ぶ。

しかしキケロは、このような、**有用だがごくありふれた友人関係と、はるかに深い部分で結びついた希少な友人とを、明確に区別**する。

こうした特別な友情は、非常に稀有《けう》なものだ。そのような友情を育むには、非常に多くの時間を費やし、自分自身を相手に差し出さなければならないからだ。

ただそのとき、わたしたちが相手の人生に影響を与えるように、相手もまた、わたしたちの人生に深い変容をもたらすのである。

## 2．善良な人々だけが、真の友人になれる

道徳観の乏しい人間は、友人をもったとしても実益重視のつき合いしかできない。その理由は単純で、**真の友情には「信頼」と「知恵」と「基本的な善良さ」が求められる**からである。

暴君と悪党の仲であれば、善良な人々を利用するがごとく、互いに利用し合うことはあるだろう。しかし、邪悪な人間は、人生で真の友人を見つけることはけっしてできない。

**3．友人は慎重に選ぶべきである**

友人関係を築く際には、思慮深くあらねばならない。

友人が「自分の思っていたような人物ではない」とわかった場合、関係を断とうとしてひどく面倒なことになったり、痛手を被《こうむ》ったりすることになるかもしれない。

こうした事態を避けるためだけにでも、友人関係を築くにあたっては、よく考えて行動しなければならない。

**焦らず、時間をかけて「相手の心の深いところに、何があるのか」を見きわめるべきだ。**真の友情に必要な、献身的なつき合いを始めるのはそれからにしよう。

**4．友人はあなたをよりよい人間にする**

誰しも、孤立していては健全な成長は望めない。1人きりでいると人間的な成長が止まってしまい、自分の姿をあるがままに見ることができなくなる。

**真の友人をもつことで「よりよい人間になろう」という意欲が湧く。なぜなら、真の友人は、あなたのなかにある可能性を正しく評価してくれるからだ。**

### 5．新しい友人を作ること。しかし古い友人も大切にしなくてはいけない

ずっと昔から一緒にいる友人ほど、居心地のよい相手はいない。しかしその反面、若いころの仲間とばかりつき合っていてはいけない。

昔は共通の関心事があって仲良くなったのかもしれないが、もはやその事柄には興味をもてない、ということもある。

**常に、新しい友人関係に前向きでいること。**

歳下の人たちとの親交もよいものだ。自分も相手も、より豊かな人間へと成長できることだろう。

### 6．友人は互いに対して正直である

友人は「あなたが人から言われたいこと」ではなく「あなたが聞く必要のあるこ

と」をいつも話してくれるだろう。

世のなかには、下心があってお世辞を言ってくる者は多い。しかし、**真の友人だけが——もしくは敵だけが——あなたを怒らせる、という危険を冒《おか》してまで、本当のことを言ってくれる**のだ。

そして、あなた自身もよい人間として友人の話に耳を傾け、その忠告を歓迎するべきだ。

**7．友情から受ける恩恵は友情そのものである**

キケロは、友情には助言や仲間づき合い、厳しい時期を乗り越えるための支援、といった実際的な利用価値があることを認めている。

しかし、**本質的に真の友情は仕事の関係とは異なる。報酬は求めないし、相手を評価することもない。**

**8．友人は、自分の友人に不正を働くように頼んだりはしない**

友人は、相手のために多大な危険を冒すことはあっても、名誉を損なうようなことはしない。

もし、友人があなたに「嘘《うそ》をつけ」や「いかさまをしろ」などと、何か恥ずべきことをするように言ってくるなら、その人物は、本当にあなたが思っていたような人なのかどうか慎重に考えることだ。

**友情は善良さの上に成り立つ。だから、悪事が求められるような関係なら、そこに友情は存在し得ない**のだ。

## 9．友情は時間がたてば変わることもある

**若いころからの友人関係は、歳を取れば同じままではないだろうし、また、同じであるべきでもない。**

生きていれば、誰もが時間とともに変わってゆくのだ。

ただし、何年も前にわたしたちを友人として引き合わせた根源的な価値と本質は、時の試練をも耐え抜くはずだ。

そして至高の友情は、上質なワインのように、年月を経れば経るほどさらに旨味《うまみ》が増していくのだ。

**10．友人がいなければ人生は生きるに値しない**

キケロは、次のように問うている。

「神々の1人に連れられて、はるか遠い場所へ行くとしよう。そこでは善良な人間が望み得る、すべてのものが豊富に与えられる。

しかし、もう二度と、人間には会わせてもらえないとしたらどうだろう？

鉄のように心を固くしなければ、そのような人生には耐えられないのではないか？

**完全に孤立した状態では、わたしたちは、喜びや楽しみを感じる能力を、ことごとく失ってしまう**のではないだろうか？」（117ページ）

## 失われつつある「真の友情」を取り戻すために

友情に関するキケロのこの短編は、聖アウグスティヌスからイタリアの詩人ダンテに至るまで、後に続く何世代もの書き手たちに多大な影響を与えた。

本書の影響力はそれ以降も衰えず、ラテン語から英語に翻訳・出版されたもののなかで、最も初期の作品の1つとなった。

その価値は、こんにちでもなお色あせていない。

**科学技術と個人主義の支配する現代社会において、本書の主題である「深く、長続きする友情」という観念は、危機に瀕《ひん》している。**

そうした今の時代にあってなお、キケロの言葉は、かつてないほどに雄弁である。

# 本書の主な人物相関図

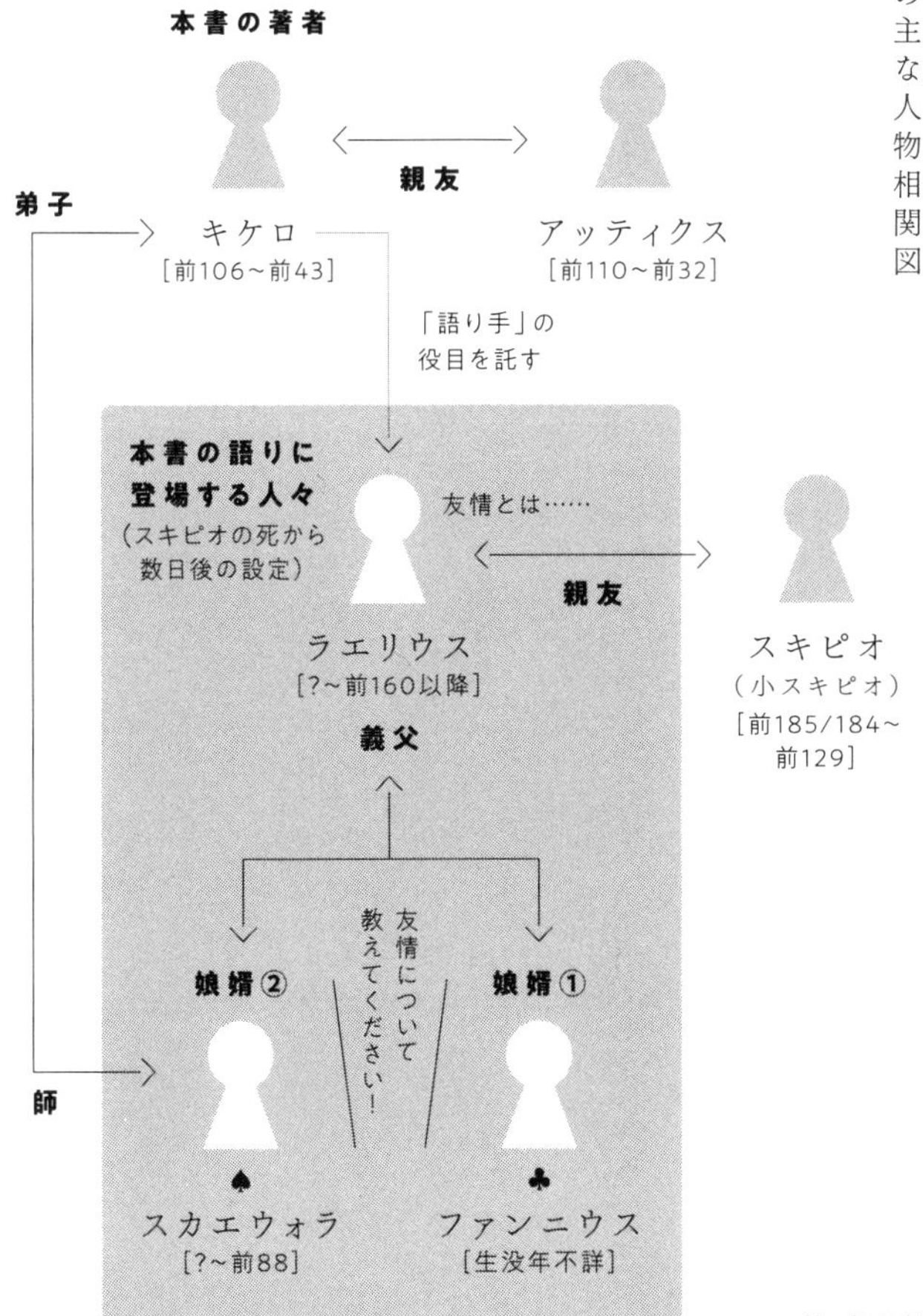
本書の著者
キケロ
[前106~前43]
親友
アッティクス
[前110~前32]
弟子
師
「語り手」の
役目を託す
本書の語りに
登場する人々
(スキピオの死から
数日後の設定)
友情とは……
親友
ラエリウス
[?~前160以降]
スキピオ
(小スキピオ)
[前185/184~
前129]
義父
友情について
教えてください!
娘婿②
娘婿①
♠
スカエウォラ
[?~前88]
♣
ファンニウス
[生没年不詳]

※前=紀元前

2000年前からローマの哲人は知っていた　人と仲良くする方法　**目次**



CONTENTS

## 第2巻 「友情」を育む

## 第3巻 「友情」とともに生きる

# 「友情」とは何か

第1巻

## 「友情」について君に話そう——キケロ自身による序文

鳥卜官《ちょうぼくかん》（公職としての占い師の一種。空を観察して、吉凶を占うことなどを職務としていた）のクウィントゥス・ムキウス・スカエウォラはよく、義父ガイウス・ラエリウスにまつわる思い出話を、うれしそうに語ったものだ。

彼は、何のためらいもなく、ラエリウスのことを「賢人」と呼んでいた。

わたしが成人用のトガ[5]を身につける年齢になると、父はわたしをスカエウォラに弟子入りさせ、できる限り、また許される限り、この老人のそばで学べるようにした。

彼のすばらしい考え方を吸収するのに夢中だったわたしは、簡潔で有益な言葉だけでなく、豊かな学識に裏打ちされた彼の議論の多くを記憶するようにしていた。

彼が亡くなってからは、同名で彼の従弟《いとこ》である大神官（ローマの国家に仕える神官団の長）スカエウォラ[6]の門下に入った。

この人物は、ローマ中の誰よりも高潔さと高い能力を備えていたといってよいだろう。しかし、彼のことは、また別の折に話そうと思う。今日のところは「鳥卜官スカエウォラ」の話に戻りたい。

彼から聞いた色々な話のなかでも、あるときの会話がひときわ印象に残っている。

その日、彼は自宅で、いつものように半円形のテラスに腰かけていた。その場には、わたしを含め近しい者が何人かいたのだが、そこで彼は巷《ちまた》の噂《うわさ》となっている話題を持ち出したのだった。

5）ローマの青年は、16歳か17歳になると「トガ・ウィリリス（成人用の布の上着）」を身につけた。
6）「鳥卜官スカエウォラ」とは同名の別人。大神官クウィントゥス・ムキウス・スカエウォラは、傑出した法律家で、紀元前95年の執政官。

アッティクス、君はあのころ、プブリウス・スルピキウスととても懇意にしていたね。

だからきっと、彼がクウィントゥス・ポンペイウスを憎むようになって、決裂した顚末《てんまつ》をよく覚えているだろう。[7] あんなに親密で、無二の親友だったというのに。

当時、スルピキウスは護民官（平民の権利を守るために設けられた官職）で、ポンペイウスは執政官だった。2人は互いに敬愛し合っていて、まわりの皆は感心したものだが、その後で激しい仲違《なかたが》いをしたのには驚いた。

一同が座り込んで、2人の状況について話していると、スカエウォラは自分がその昔、友情について義父であるラエリウスと交わした、という会話を聞かせてくれた。

ラエリウスのもう1人の娘婿、マルクスの息子ガイウス・ファンニウスも一緒にいたそうだ。

また、その日はスキピオが亡くなってから、数日しかたっていなかったらしい。[8]

——わたしはこの討論の大事な点をできるだけ頭にたたき込み、自分なりに説明してみようと思う。

会話全体を台詞《せりふ》のような形にしたのは「わたしは〜と言った」「彼は〜と言った」と、何度も繰り返したくなかったのと、そこに3人がいて、目の前で今まさに討論が繰り広げられているように感じてもらいたかったからだ。

## 「賢人」ラエリウスが2人の娘婿に語ったこと

アッティクス、君は友情について何か書いてくれ、と、しょっちゅ

7）マリウスとスッラの武力紛争において、プブリウス・スルピキウス・ルフスはマリウス側につき、一方、紀元前88年の執政官クウィントゥス・ポンペイウス・ルフスはスッラ側についた。

8）プブリウス・コルネリウス・スキピオ・アエミリアヌス・アフリカヌスは第3次ポエニ戦争でカルタゴを陥落したが、不可解な状況で死亡した。

うわたしに勧めてくれているね。

友情というのは、誰にとっても一考の価値あるテーマだと思うし、しかも、わたしたちの友人としての仲に最適の話題だ。

だからわたしは、広く人々の役に立つよう、君の要求に応えてこの話題を取り上げるのにやぶさかでない。

老いをテーマに君に宛てて書いた『老年について (De Senectute)』と同じ形式を、今回も採用した。

あの作品のなかでカトー[9]に主人公をつとめてもらったのは、誰よりも長く生き、老いてなお衰えを見せない人物を、語り手として登場させるのがよいように思えたからだ。

お父上や長老たちから聞いていると思うが、**ラエリウスとスキピオの間には、非常に印象深い「友情」が存在していた**という。

だから、友情についてわたしが考えていることを作中で伝えてくれる語り手は、ラエリウスをおいてほかにはない、と思われた。

スカエウォラが、当時の会話を思い出して聞かせてくれた、あのときの話だ。

どうしてだろうね。こんなふうに、昔の、特に高名な人々の口から発せられた会話という形にすると、より格調高く説得力があるように思えるものだ。

白状しよう。老年に関して自分で書いたあの文章を読むと、わたしはまるで、それが自分の創作ではなく、本当にカトーが自ら語っているかのようで、感動を覚えてしまうのだよ。

『老年について』のなかで、わたしは老人として、老人に向けて、老いについて書いた。

**今回はここで、親しい友人として、友人に向けて、友情について書**

9）マルクス・ポルキウス・カトー・ケンソリウス（紀元前235～前149年）。傑出したローマの政治家、雄弁家。古風な道徳観で有名だった。曾孫の小カトー（マルクス・ポルキウス・カトー・ウティケンシス）と区別するため、大カトー（Cato the Elder）とも呼ばれる。

**いている。**

前作ではカトーが語り手だった。あの時代に、彼より長生きした人物はなかなか見当たらないし、その上賢人ともなれば、皆無だからだ。

本作でラエリウスが友情について語るのは、彼が誰もが認める理知的な人物であり、よき友人としての評判において彼の右に出る者はいなかったからだ。

さあ、しばしのあいだ、書き手としてのわたしの存在を忘れ、ラエリウスその人が君に語りかけている、と考えてみてくれたまえ。

ファンニウスとスカエウォラが、義理の父親であるラエリウスの家を訪ねる。スキピオが亡くなった、数日後のことだ。

2人が会話の口火を切り、ラエリウスがそれに応えて、友情について余すところなく語ってくれる。読むうちに、君も自分自身の姿をそこに見出すことと思う。

## 誰もがその話に耳を傾ける「叡智」の持ち主

**ファンニウス**（以下♣）――おっしゃる通りです、ラエリウスさま。スキピオさまより善良で、また、秀でた人物などいませんでした。

けれどもよくご承知おきください。今や皆の目が、あなたに注がれています。皆が賢人と呼び、また、そうだと確信しているのは、あなたなのです。

一昔前にはマルクス・カトーがそう考えられていました。当時、賢人の通り名で呼ばれたのはルキウス・アキリウスでしたが、この2人はそれぞれ違った意味で賢人だったのです。アキリウスは市民法の専門家としてその名を戴《いただ》いたのであり、カトーは多方面での才気煥発《さいきかんぱつ》をもってそう呼ばれたのです。

元老院会議場や中央広場で幾度も見られた綿密な洞察と、揺るぎない意志を持って語る姿、討論で鋭く切り返す姿からも、それは明らかだったといいます。彼の晩年には「賢人」というのが彼本人の名前の一部のようになっていました。[10]

10）ローマ人男性の名前の最後にくるコグノーメン（第3の名／愛称）は代々継承されることが多かったが、政務や戦時において目覚しい業績を上げるなどの特別な場合に、個人に付与されることもあった。

♣――けれどもラエリウスさま、あなたはそれとはまた少し違った意味で「賢明である」と世間ではいわれています。

生まれもった才能と人格に加え、豊かな学識と、向学心をもった賢人である、と。一般にいうような賢さではなく、学者たちが叡智《えいち》を論じるときのような意味合いで、人々は語るのです。

この種の叡智をもつ者は、ギリシア中を見渡しても誰もいない、と聞いております。厳たる正確さをもって、こうしたことを追究する人々に言わせれば、賢明という言葉は「七賢人[11]」と呼ばれる人々にすら当てはまらないのです。

アテナイでただ1人、アポロ神のご神託で「誰よりも賢い」と告げられた方（ソクラテスのことを指す）は、例外だそうですが。

しかしお義父《とう》さまは、非常に優れた知恵がある、と皆に見られています。「自分に必要なものはすべて、自分自身のなかにある」と考える知恵。そして「正しいことをおこなう大切さの前では、人の一生における運の浮き沈みなどささいなことである」と信じる知恵――。

そういうわけで、こちらのスカエウォラも状況は同じだと思いますが、皆がわたしたちに聞いてくるのです。あなたがいかにして、親友であるスキピオさまの死に耐えていらっしゃるのか、と。

先月ノナエの日（5日または7日に設けられた）に、デキムス・ブルトゥスの別荘でおこなわれた鳥卜官の月例集会に、あなたが欠席なさって以来、こうした問いは、ますます頻繁に聞かれるようになりました。

毎回確実に出席し、鳥卜官としての職務も怠らない方なのに、その日はいらっしゃらないものだから、余計皆の関心を引いたのでしょう。[12]

**スカエウォラ**（以下♠）――ラエリウスさま、まさに、ファンニウスが申した通りなのです。多くの人が、あなたのことを聞いてくるのですよ。

しかしわたしは、冷静に、見たままのことを答えています。あなたが無二の親

11）「ギリシアで最も優れた叡智の持ち主」と、伝統的にいわれていた人々。幾通りかの異なる人物の名前が挙がっているが、おおむね共通して、アテナイのソロン、ミレトスのターレス、ミュティレネのピッタコス、プリエネのビアス、ロードス島のクレオブロス、ケナイのミュソン、スパルタのキロンが含まれる。

12）鳥卜官は、毎月ノナエの日に会合をもった。デキムス・ブルトゥスは紀元前138年の執政官。

友を失った痛みに耐えていらっしゃること、そしてその友は大変偉大な方だった、と。

もちろん、彼の死に深く動揺しておられるのは存じています。あなたほどに愛情深い方なら、誰しもそうなるでしょう。

ただし、あなたが定例会に欠席したのは、悲しみに暮れていたからではなく、ご病気だったのだ、と話すようにしています。

――スカエウォラよ、それは、実に正しい。おまえが皆に伝えてくれた通りなのだ。病気で無理なときを除いて、わたしはいつでも自分の責務を全うしてきた。個人的な都合で怠ったことなど一度もない。

責任感がわずかでもある者なら、そのような理由で自分のつとめを疎《おろそ》かにしてよいとは思わないだろう。

……さて、ファンニウス。人々がそのようにわたしを褒めている、と教えてくれたことはありがたく思うよ。

ただ、これだけは言っておかねばなるまい。わたしは、そのような称賛を求めていたわけではないし、その称賛が当たっているとも思えん。

しかし、カトーに関しては、おまえが今言った評価でも、まだ足りないのではないかな。

「人間である以上、誰1人として真に賢明とは言えない」――わたしはそう考えたくなるのだが、もし仮に賢人と呼べる者がいるとすれば、それはカトーなのだから。ほかの美点すべてをさしおいても、彼がどれほど必死に息子の死に耐えたかを見てみなさい。

パウルスが同様の喪失に苦しんだことは覚えているし、息子が死んだときのガルスの様子はわたしも知っている。[13]

しかし、彼らの息子はほんの子供であったのに対して、カトーの息子は、どこから見ても人生の真っ盛りにいる若者だったのだよ。

13) ルキウス・アエミリウス・パウルスは紀元前182年と前168年に執政官をつとめた高名な将軍。ガイウス・スルピキウス・ガルスは紀元前166年の執政官。

だから気をつけなさい。カトーより優れた者がいる、などと思わぬことだ。アポロ神が「最も賢明な人物」と評した御仁にしたってそうだぞ。何しろカトーはその行為を称賛されたが、ソクラテスの評判は、彼の言葉に対して語られたものなのだから。

## 「最愛の友」の死をどのように受け止めたか

さて、わたしのことだが、2人にいちどきに話をさせてくれ。それに、わたしが言うことは本当だと、どうか信じてほしい。

もし、わたしが「スキピオの死によって悲しんでいない」などと言おうものなら、分別ある者たちはその言い草を非難するだろうし、わたしが嘘をついている、と思うだろう。

現にわたしは、友の死にひどくうろたえておるのだからな。

あれほどの友人は、もうこの先二度とできまいし、いずれにせよ、彼と出会うまでわたしにはそこまで仲のよい存在はいなかった。

しかし、ちょっとした救いがないこともない。

**親友を亡くしたとき、ほとんどの人は間違った思い込みにとらわれて苦しむ**ものだが、わたしはそうならずに済んでいる。

そう考えて納得すると、ずいぶん慰められるのだ。

おまえたちもわかっているだろうが、わたしは、何か悪いことがスキピオに降りかかったとは思っていない。喪失に苦しんでいる者がいるとすれば、それはわたしなのだから。

それでも**もし、悲しみのあまり立ち上がれない、というのなら、それはどれだけ友を愛していたかではなく、どんなに自分がかわいいかを示しているにすぎない。**

スキピオの人生は、申し分のないものだった。誰もそれに異論はあるまい。永遠の命がほしかったなら話は別だが、それはないだろう。

およそ人が一生のうちに手に入れられるもので、彼になかったものなどあるかね？幼いころから地元では「何か偉業を成し遂げるだろう」という期待を一身に背負っていた。はたして彼は、大いに真価を発揮し、若くしてその期待以上のことをやってのけたのだ。

本人は執政官になるつもりなどなかったのに、2度も選ばれた——1度目などは、法定年齢に達する前だ。2度目は、本人にすればよい時期だったが、国家にとっては遅きに失したといえよう。

我が国最大の脅威であった2つの都市を陥落した[14]ことで、彼は進行中の戦争を終わらせ、将来の戦争を回避した。

立ち居ふるまいは、何というかとても魅力的で、母親に孝行を尽くし、姉妹には懐が深く、親類をいたわり、人民に対して公平だった。

おまえたちもよく知る通りだ。葬儀は悲しみに包まれ、国中の人々が、彼を慕っていたのがよくわかった。

だから、あと2、3年長く生きたところで、これ以上彼が何を得られたというのか。

「老いは、必ずしも重荷ではない」——亡くなる前の年、カトーがスキピオやわたしと話していたときに、はっきりとそう言っていたものだよ。

確かにその通りなのだが、歳を取れば、スキピオが最後まで保っていたあの若々しさは失われてしまうのだ。

それを思えば、さらなる富や栄光が彼の人生に待っていたとは考えにくい。しかも、あまりに突然の死だったから、本人でさえ死んでいくという事実を自覚することはなかっただろう。

本当のところ、彼の最期がどうだったかというのは、言い難い。

2人とも、人々がどんな疑いをもっているかは承知しているな。[15]

しかし、わたしはこう言おう。

「スキピオの人生では、多くの日々が喜びに満ちた晴れがましいものだったが、そのなかでも死の前日こそが、最高にすばらしい日だった」と。

あの日、元老院が散会してから、議員たちやローマ市民、それにイタリア人の支持者たちに囲まれて彼は帰宅した。

14）カルタゴ（紀元前146年）と、スペインのヌマンティア（紀元前133年）。
15）死の前日、スキピオは農地法を巡って元老院で政敵カルボと論争した。翌日スキピオはベッドで死んでいるのを発見され、彼を殺害したのはカルボではないかと多くの人が疑いをもった。

現世の高い地位から奈落の闇に落ちるのではなく、天上の神のもとへ昇っていく姿を思わせる、そんな様子だった。

## 死してなお、人の「魂」は生き続ける

近頃「肉体と精神はともに死ぬ、そして、死によってすべてが消滅してしまう」などという説を唱える者たちが出てきたが、わたしは賛成できないな。

それよりも、古くからの見解のほうが確かに思える。

死者をあつく敬い、その栄誉を称《たた》えた我々の祖先にしたって、死者が無関心だと考えていたなら、そのようにはしなかっただろう。

または昔、南イタリアに住んでいた人々の考え方だ。

今ではもうないが、当時はマグナ・グラエキアという名で知られ、繁栄を誇った地域で、彼ら[16]の教養やものの考え方を取り入れることで、我々の文化は大きく発展したのだ。

ほかに信用できるのは、アポロ神の神託で一番の賢人と宣言された男、ソクラテスの説だな。

彼は、およそどんなテーマでも物事の両面を論じたものだったが、首尾一貫して主張したのは「人間の魂は神聖だ」ということだ。

彼はこう考えた。

「精神が肉体を離れると、その前途には、天国へ帰る道が延びている。それは、最高の徳を備えた公正な魂を待ち受ける、最も安楽な道のりだ」と。

スキピオも、やはり同意見だった。

実際、死の数日前には、まるで終わりの日が近いのを悟ったかのように、この話題について皆と話し合った。

その場にいたのはフィルス、マニリウス……それにスカエウォラ、おまえもわたしと行ったな。ほかにも大勢が同席していた。

3日間にわたって彼はこの国について語り、話し合いもそろそろ終わり、というと

16）輪廻《りんね》を説いたギリシアの哲学者ピタゴラスの教えを受け継いだ人々。

きに「魂の不滅」について話し始めた。夢に大スキピオ[17]があらわれて、彼に語った、という話を披露してくれたのだ。

「人が死んだとき、最も優れた人の魂が、最も容易に肉体の軛《くびき》と足枷《あしかせ》から解放される」と――これが本当なら、神へと至る道のりがスキピオよりも安楽な者など、想像できるかね？

だから、彼の死を嘆き悲しむ、という行為には、友情よりもむしろ、羨《うらや》む気持ちが表れているのではないか、とわたしは懸念してしまうのだよ。

しかし逆に、魂と肉体がともに滅び、意識のかけらも生き延びることがないのなら、死んだところで何のよいこともない代わりに、不快な目にもあわないだろう。

もし、感覚が消え去ってしまうなら、もともと生まれていないのと同じだからだ。

しかし、スキピオがこの世に生を受けたことを我々はうれしく思うし、この国が存続する限り、人々はそれを寿《ことほ》ぐだろう。

## あらゆる苦労や喜びをともにした仲

さて、先ほども言ったように、我が親友のスキピオはまことに結構な人生を終えたわけだが……わたしはといえば、どうかな。

わたしのほうが先に生まれたことを思えば、わたしが先にこの世を去るのがより公平であったろう。

ただ、それでも我々の友情を思い出すと、喜びを感じるし、スキピオと過ごせたのだから、わたしの人生は恵まれていたのだと思う。

**我々は、私生活でも公務の上でも、あらゆる苦労をともに味わい、同じ家でともに生活し、同じ戦場でともに戦い、友情に必要不可欠な共通の信念や志、そして考えをもっていた。**

だからファンニウス、おまえの言う知恵者としてのわたしの評判は、まず分不相応だからというのもあるが、「わたしがスキピオと分かち合った友情を、人々の記憶のなかに長くとどめてほしい」という希望ほどには喜ばしく思えないのだよ。

この大いなる希望に思いを馳《は》せるのは、ことのほか愉快なのだ。

17）大スキピオ・アフリカヌス。紀元前202年にザマの戦いでハンニバルを倒した。紀元前204年と前194年の執政官。キケロが語るこの架空の3日間の話し合いは、著作『国家論』の説話「スキピオの夢」を踏まえたもの。

何しろ歴史全体を振り返っても、親友と記録されているのはたったの3組か4組なのだからな。[18]

スキピオとわたし——ラエリウスの友情も、そのうちの1組として、後世に知られるようになるとよいが。

**♣何よりも「友情」を第1に考えるべき理由**

——その願いはきっと実現しますよ、ラエリウスさま。

ところで、ちょうど友情の話も出たことですし、今のところ我々には急ぎの公務もありませんよね。ですから、もっとお話を伺えたらわたしは大変うれしいのですが……。

スカエウォラも、きっとそうです。お義父さまはいつも、質問を受けたら必ず答えるようになさっているではないですか。

だからここで、**友情というものをどうお考えか、つまり「友情とは何か」「また、それを実践するにはどうしたらよいか」**といったことを、お聞かせいただけたらと、そう思うのです。

♠――わたしも、そうしていただけたらとてもうれしいです。まさに今、同じことをお願いしようとして、ファンニウスに先を越されました。

わたしたち2人とも「このテーマに関してこれだけは言っておきたい」というお義父さまのお考えを聞けたら、大変ありがたいです。

何か価値のあることを喋《しゃべ》れる、という自信がわたしに少しでもあれば、抗《あらが》う必要はないのだが……。

友情というのは有意義なテーマだし、ファンニウスの言う通り、今は差し迫った仕事もないからな。

しかし、わたしなどが友情を語っていいのか、そんな才があるのかどうか……。

その点、何の準備もなしに、あるお題について演説できるように鍛えられているのは哲学者とギリシア人だ。これは難しいことで、相当な訓練が必要になる。

18）テセウスとペイリトオス、アキレウスとパトロクロス、オレステスとピュラデス、ダモンとフィンティアス（ピュシアス）。

もし、本当に誰か友情について深く掘り下げられる相手と話したいなら、そうした議論に長《た》けていると自任する者を見つけるといい。

わたしから言えるのは、**人間に関するほかのどんな問題よりも、友情を第1に考えるべき、**ということだけだ。**友情ほど、自然とよく調和し、よいときも悪いときも、力になるものはほかにない**のだから。

思うに、何よりもまず頭に入れておくべきは**「善なる人々の間にしか友情は成り立たぬ」**ということだ。

今はこの点について深く掘り下げる気はない。「賢人だけが善たり得る」などと徹底して言い合う連中じゃあるまいし——間違ってはいないのだろうが、こうした主張には、現実の生きた人間に対する考慮が抜け落ちている。

百歩譲ってそれが正しいとしても、彼らは叡智という性質について、命に限りある人間が真に獲得したことなど、ついぞないものと考えているのだ。

我々は逆に、日々の生活のなかで、手の届く種類の叡智を追求するべきだ。ガイウス・ファブリキウス、マニウス・クリウス、それにティベリウス・コルンカニウス――皆、我が国の祖先が賢人とみなした男たちだが、それでも件《くだん》の学者たちの言う賢人の基準に達したとは言えまい。[19]

だから、連中の唱える腹立たしい、現実離れした叡智とやらは、自分たちのために取っておいてもらって、今しがた挙げたローマ人たちが善人である、と認めてさえくれればよい。

しかし、それさえも彼らは却下するだろうな。

「自分たちの言う賢人しか、善人ではあり得ない」などと言われそうだ。

何かの諺《ことわざ》にも言われている通り、我々はこの「鈍感な知性」によって、前へ進むとしよう。

19）ガイウス・ファブリキウス・ルスキヌス（紀元前282年、前278年の執政官）は、侵攻してきた武将ピュロスからの賄賂《わいろ》を受け取らなかった。マニウス・クリウス・デンタトゥス（紀元前290年、前275年、前274年の執政官）はピュロス軍を撃退した。ティベリウス・コルンカニウス（紀元前280年の執政官）は武将として活躍し、プレブス（古代ローマの平民階級）として初めてローマの最高神祇官《じんぎかん》である大神官をつとめた。

誰であれ、その行動と生き方から、清廉《せいれん》かつ篤実《とくじつ》で正しく寛大なことがわかる、そんな人生を送る者。よこしまな情熱や貪欲、蛮行とは無縁な者。そして、先ほど触れた人々のような気骨の持ち主。

……こうした人物たちこそ、生前に評価された通り善良と称されるべきものと考え、そう呼ぼうではないか。

なぜなら、**人間として精一杯、自然という、よく生きる上で最良の指導者に従った人々**だからだ。

## 「血縁」と「友情」、より強い絆はどちらか?

わたしにはこう思われる。**人間は皆、お互いが近ければ近いほど、より強くなってゆく絆《きずな》をもって生まれついているのだ**、と。

赤の他人よりも親戚を好むように、出身の異なる人よりも同郷の仲間を好むのは、こうした性質によって、自然と友情に似た感情が生まれるからだ。

ただし、そうした関係は、強固でも不変でもない。

一方、**友情は、血縁関係よりも強い。ほかの関係から善意を取り去ることはできて**

**も、友人関係からは取り去ることができないからだ。**

もし、友人との間に善意がなくなれば、友情は消えてしまう。しかし、血縁関係から善意を取り去っても、関係自体は残る。

**友人関係は誰とでも結べるわけではない**

友情の力は、次のような事実からもよくわかる。無数の人間関係が自然に生まれるなかで、友情は、誰とでも結べるものではない。その愛情の絆で結ばれるのは、2人か、多くとも数人の仲間だけなのだ。

**友情とは、お互いに善意と愛情をもった者同士が、あらゆる神聖な部分と、人間的な部分において、呼応し合うことにほかならない。**

不死の神々が我々人間に与えたもので、叡智を除けば、友情ほどすばらしいものはほかにない、とわたしには思えてならぬ。

なかには富や健康、権力、名誉のほうがよいという者もいるし、何よりも性的な快楽を追い求める者も多い——この最後に挙げた欲望は、人間よりもむしろ獣にふさわしいといえるだろうが。

こうしたことはすべて、はかなく移ろいやすい目標であり（それが達成できるかどうかは）我々の理性どうこうよりも、運命の気まぐれに依存している。

一方で「至高の目標は善性、すなわち徳と呼ばれるものだ」と考える者もいる。

こうした人々は**「徳こそが友情を生み出し、育むのだから、徳なくして友情は存在し得ない」という、まっとうな考え**をもっている。

先ほども話に出たが、徳のことを語るときは、博識な学者たちが使うような持ってまわった高尚な言いまわしではなく、普段の生活や演説で使うような言葉で語ろうではないか。

また「優れた人」と言うとき、世間でそうみなされている人々も含めようではないか。パウルス、カトー、ガルス、スキピオ、そしてピルス[20]のような、一般的な善の基準を満たしている人物たち[21]だ。

現実世界の、どこにも存在しない人々のことは忘れよう。

## 「分かち合う相手」がいてこそ人生は価値がある

さて、そういうわけで、今までに名前が挙がったような優れた人々の間では、友情は、到底言い尽くせないほどの恩恵をもたらすものとなる。

エンニウス[22]の言葉にもあるが、そもそも友人との相互的な善意という拠《よ》りどころがなければ、人生はいかにして、生きる価値のあるものになり得るのか？

まるで自分自身に語りかけるように、どんな話でも思い切ってできる相手の存在以上に、快いものなどあるだろうか？

自分の幸運を、我がことのように喜んでくれる人がいなかったら、人生の恵まれたひとときをどう楽しめばいいのか？

不運に見舞われたとき、自分以上にその重みを感じてくれる人がいなければ、それはひどく耐え難い経験となるだろう。

20）ルキウス・フリウス・ピルス（紀元前136年の執政官）。
21）ほかに、プブリウス・ルピリウス（紀元前132年の執政官）、ルキウス・ムンミウス（紀元前146年の執政官）、クウィントゥス・ファビウス・マキシムス・アエミリアヌス（紀元前145年の執政官）など。
22）エンニウス（紀元前239～前169年）はローマの初期の詩人。キケロの憧憬の的であった。

人生で我々が手に入れたい、と望むものは色々あるが、そのほとんどは、1つしか使い途《みち》がない。

富は商品を買うため、権力は幅を利かせるため、公職の地位は声望を高めるため、性的快感は楽しむため、健康は痛みから逃れ、体を存分に働かすため。

その点、**友情は多くの場面で役に立つ。**

我々の心がどこへ向かおうが、友情はいつもともにある。門前払いもされなければ、具合の悪いタイミングもない。そして、けっして邪魔にはならない。

人生のどんな局面でも、友情は必要だ。生きるのに必要なものを指す「水火」という言葉があるが、それと同じことだ。

わたしは今、平凡でありふれた友人関係のことではなく――もちろんそれも、楽しく役には立つだろうが――本物の、純粋な友情について話をしている。

**友人関係のなかでも「親友」と呼べる間柄に存在する感情**だ。

**この種の友情は、楽しき日々を一層明るく輝かせ、困難なときには重荷に耐える支えとなってくれる。**

**その結びつきは、どんな「逆境」の前にも壊れない**

友情には、実に多くのすばらしい利点があるがゆえに、ほかの美徳よりもはるかに勝る。

とりわけ、希望のまばゆい光を未来に投げかけ、我々の精神をつまずきや失敗から守ってくれる点で、友情は格別だ。

いいかね、**真の友人を見る者は皆、いわば「自分自身の姿」をそこに見ている**のだ。友人は、そばにいないときも、ともにある。食うや食わずの毎日でも、友人がいれば、十二分に満ち足りる。友人の存在によって、力を失ったときでさえ、我々は強くいられるのだ。

そして――これはさらに言いにくいことではあるのだが――**友人は、たとえ当人が命を失ってしまったとしても、我々のなかに生きている。**

真の友人との思い出は、非常に力強く鮮明な上、こちらが彼らを思う気持ちも深く細やかであるがゆえに、その存在は、死後も恩恵として我々のなかに生き続けるのだ。

もし、世界から善意の絆を取り去ってしまったら、どんな家も街も成り立たず、畑は荒れ果ててしまうだろう。
今の表現が少しわかりにくいようであれば、視点を変えて、それとは逆の場合、つまり「不一致と不調和によって引き起こされること」と比較して、友情の力を考えてみるといい。
憎しみや不和によっても崩壊しないほどに、盤石な家や、堅固に築かれた街などあるだろうか？
こう考えてみると、それらの対極に位置する友情のよさがわかるというものだ。

**「相手のため」にあなたは何を投げ出せるか？**

アクラガス出身のある博識な男[23]は、霊感を受け、ギリシア語でこんな歌を歌ったそうだ。

森羅万象、実にこの宇宙に存在する一切は、
静止していても、活動していても、
友愛によって結合し、不和によって分離するのだ

少なくとも、この哲学者の言うことは誰でも理解できるし、もっともだと思える。友人のために力を尽くし、あえて多大な危険を冒す者がいれば、誰だって最大級の賛辞を送らずにはいられないはずだ。

我が家の食客で、友人でもあるマルクス・パクウィウス[24]が書いた芝居の上演中、劇場全体に歓声が響き渡ったことがあった！

こんな場面だった。

王は――2人の男のうち、どちらがオレステスで、どちらがピュラデスかを知らないのだが――オレステスに死を命じた。

するとピュラデスは、友を救いたいがゆえに自分がオレステスだ、と主張した。片やオレステスは、自分自身が死ぬべきだ、と言って譲らない。

23）ギリシアの哲学者エンペドクレス。紀元前5世紀にシチリア島に暮らした。
24）パクウィウスは南イタリアの劇作家。キケロが生まれる前の紀元前2世紀に生きた人物。ここで述べられている出来事は、親友のピュラデスとオレステスの2人がクリミアの住民に捕らえられ、女神アルテミスの像を盗もうとしたかどで、死刑を言い渡される場面。

ほんの芝居にすぎないというのに、観客は立ち上がって声援を送った。

想像してごらん、これがもし現実の出来事だったら、どうなっていたことか。

このとき観客は、**真の友情がもたらす行為**を目の当たりにしたのだ。

自分だったら、同じことはとてもできないかもしれない。しかし、人々は人間の本性に突き動かされ、居ても立ってもいられず、あっぱれと声を上げたのだ。

……まあこれでおまえたちには、友情について思うところを伝えられたのではないかな。

もし、何かこのテーマについてもっと言いたいことがあれば――大いにあるとは思うが――こうした議論に熟達した者を見つけるといい。

♣――わたしたちは、ラエリウスさま、あなたご自身からお話を聞きたいのです。

今おっしゃったような人たちを探し出しては、何度も話を聞きました。それはそれでありがたく拝聴いたしましたが、あなたのお話はいつだって物事の核心をついているのです。

♠――そこについては、ファンニウス、君もこのあいだスキピオさまの別荘に来ていたなら、もっと力説していただろうね。

なぜなら、皆で国家の問題を話し合っていたとき、フィルスの手の込んだ議論に対して、ラエリウスさまは、正義を擁護する立場から極めて明快にお話しなさったんだ！

♣――それは言わずもがなだろう。誰より高潔なラエリウスさまにとって、正義を守るくらいはお安い御用なんだよ。

♠――それじゃ、友情に関してはどう思う？

ラエリウスさまは、それについてお話しするのだって同じように造作ないのじゃないかな。忠実で辛抱強く、公正な、友人として最高の御方《おかた》だという評判なんだから。

……何が何でも、話をさせる気だな！　まったく、力ずくではないか。手段は選ばない、とでも言わんばかりだ。

ああ、よし。これは大義のためでもある。それに、婿殿たちの願いを断るのは難儀な上に「そんなことはけしからぬ」とまで言われかねん。

## 友情は「自然」に生まれてくるものである

友情については、考えれば考えるほど、ますます疑問を覚えるのだよ。

友情を求める気持ちは、自分の弱さや必要から生まれるものにすぎないのか——だから、互いに頼みごとをしては、こちらの必要なものを手に入れるのと引き換えに、自分にできる手助けを相手に提供しているだけなのか——と。

こうした側面は、紛れもなく友人関係の一部分ではある。

しかし、友情が始まるときには、自然に由来する、何かもっと深く美しい理由はないのだろうか？　「友情《アミーキティア》」と「愛《アモール》」は同じ語源でつながっているわけであり、そこから善意も生まれてくるのだから。

確かに、友情の名の下に人々が機嫌を取り合い、お世辞を言い合って、その場に応じた利益を得ようとするのは事実だ。

しかし、**純粋な友情においては、偽りや見せかけのものは何もない。本物の友人関係では、すべてが真実で無垢《むく》なのだ。**

わたしには、友情は何かしらの必要性から生まれる、という以上に、まったく自然発生的なものに思える。

その関係がどのくらい役に立つか計算した結果ではなく、「馬が合う」といったことに始まり、そこに親愛の情が加わって、友情が芽生えるのではないだろうか。

友情の萌芽《ほうが》は、ある種の動物にも見て取れる。

親が、生まれた子供たちを一定期間愛し、子供たちからも深く愛される様子からしても、その気持ちは明らかだ。

人間ならばなおのこと、人生の初めに親子の情――よほど常軌を逸した悪行でもない限り、消えることのない愛情――が育まれることからもわかるし、やがて、行動や性格が調和する相手と出会ったときに、好意を抱くことからもわかる。

そうした相手のなかには、いわば善性と徳の光が輝き出すように思えるのだ。

## 「徳」が人と人との距離を近づける

**人のもつ性質で、何よりも魅力的なもの——それは、徳である。**相手の内に徳を見出したときほど、その人を愛し、尊敬したくなることはないからな。

善良なる君子として名の知れた人物のことは、面識がなくとも、好きにならずにいられない。

ガイウス・ファブリキウスやマニウス・クリウス（43ページ／脚注19）の話を思い出すと、会ったこともないのに心が温かくはならないかね？

傲慢王タルクィニウスやスプリウス・カッシウス、スプリウス・マエリウスに嫌悪を覚えることは？

それに、イタリアを滅亡の危機にさらした2人の名将、ピュロスとハンニバルのことを考えてみなさい。

ピュロスは公正な男だったから、我々は彼に対し、それほど憎しみを感じることはない。しかしハンニバルに対しては、その暴虐非道ぶりのために、我が国民は彼を未来永劫《えいごう》忌み嫌うだろう。[25]

さて、善性というものは、面識のない人、もっと意外なことには、敵であっても、相手のなかにそれを見出せば、敬服せずにいられぬものらしい。

ならば、これから親密になるかもしれない相手のうちなる美徳と優秀さに気づき、心が揺さぶられたとしても、何の不思議もなかろう。

そして、親切心や善意を示されたり、ともに時を過ごしたりすることで、親愛の情はさらに強くなっていく。

このようにして、相互の愛情で引き寄せられ、２人の間にあふれた温かい気持ちは炎となって燃え上がるのだ。

**こうした感情が弱さから生まれ、単に自分にないものを他人に補ってもらうことが**

25）タルクィニウスは紀元前534～前509年に在位したと伝えられるローマ最後の王。スプリウス・カッシウス・ウェッケリヌスとスプリウス・マエリウスは紀元前５世紀に共和制を打倒し、ローマ王政の復活を目論《もくろ》んだとして訴えられた。ギリシア西部エピロスのピュロスは、紀元前280年にイタリアに侵攻した。一方、カルタゴの将軍ハンニバルは紀元前218年にイタリアに進軍し、ローマを滅亡の危機にさらした。

**友情だと考える者がいるなら、彼らが友情と呼ぶものは、あまりにもお粗末で、卑しい出自の感情だ。**

真の友情が、貧しさと欠乏の産物であるわけがない。仮にそうだとしたなら、もてるものが少ない者ほど、友情を得る条件に恵まれていることになるだろう。

しかし、これは真実からはほど遠い――。

## 真の友情は「見返り」を求めない

人は、徳と知恵から成る堅実さを身につけ、自律的であれば、その分誰にも依存せずに済み、また必要なものはすべて自分の内部に備えている、と言えよう。

それと比例して、友情を見出し慈しむことにも卓越する、というわけだ。

我が友・亡きスキピオは、わたしを「必要」としたか？

……まさか、滅相もない！

そして、わたしも彼を必要とはしなかった。けれどもその善性ゆえに彼を愛した。

もし――わたしの勘違いでなければだが――まさしく彼がわたしのなかに徳を見出

し、そのためにわたしを愛したのと同じだ。そして、相手を深く知るほどに、互いへの親愛の情が育ったのだ。

もちろん、我々の間柄にも実利的なやりとりは数多くあった。しかし、2人の相互の愛情は、見返りを期待して成り立っているのではなかった。

**「お返しに便宜を図ってほしい」などと相手に期待するのは、親切で寛大な友人とはいえない。**

我々は、自分の親切心に利子をつけるほど、狭い心の持ち主ではない。見返りがほしいからではなく、それが正しく、そうするのが当たり前だから、ただただ親切にしたいのだ。

**友情の報酬は、友情そのもの**なのだ。

## 「深く、長続きする関係」はこうして生まれる

動物並みの人間は、きっとこの意見には反対するだろう。

驚くことではない。物事の判断基準が「それがどれだけいい思いをさせてくれる

か」ということでしかない連中なのだから。

自分の精神をそこまで品位の低い水準に落としてしまった者は、気高く、立派で、神聖なものを眺めようと、頭を高く上げることもないのだ。

ここで、そのような人々のことで頭を悩ませるのはやめ、代わりにこう信じよう。**相手を善い人だと思えたら、愛情や思いやりは、ごく自然に生まれてくる**のだと。

2人の人間がいて、そうした善性を心から求めるなら、互いのなかにそれを見出し、引き寄せ合って近づき、やがて愛すべき相手とともに過ごす時間やその人柄を心ゆくまで味わうだろう。

2人は競い合うようにして互いのために善をなそうとする。返礼を望むよりも、相手のために何かしてやりたくて仕方ないのだ。

なんと高貴な競り合いではないか！

こうして友情は、たいそう有益なものとなっていく。

だがそれは、**自分は無力だから必要なものを手に入れたい、という狙いがあっての**

**ことではなく、人間の本性から自然に生まれる関係**なのだ。

仮に、友情とは何か見返りを得ることで成り立つものにすぎないとすれば、相手からもらえるものがなくなった時点で友情は終わってしまう。

それに対し、人の本質は変わるものではない。

だからこそ、真の友情は永遠に続くのだ。

以上が、友情の根源についてのわたしの考えだ。

# 「友情」を育む

第2巻

## 友情を保ち続けるのは簡単ではない

さて、話を進める前に何か言っておきたいことはあるかな？

♣——どうぞ、ぜひ続けてください、ラエリウスさま。こちらの若き友人も、同じ思いでしょう。

♠——その通りです。わたしたち2人とも、お義父さまのお話をもっと聞きたいのですよ。

ならば聞いてくれ、我が婿たちよ。スキピオとわたしが、たびたび友情について語り合うなかで出た話だ。

彼は**「2人の人間が、一生涯友人であり続けるほど、難しいことはない」**とよく言っていた。

何らかの形で生活が変われば、友達づき合いが終わることもあるだろうし、政治的な立場の違いで喧嘩《けんか》別れとなるのも珍しくない。

何かしら不運に見舞われるとか、歳を取れば次第に自由が利かなくなって、単純に疎遠になることもあるだろう。

この話をするとき、スキピオは、少年がそれまで大好きだったものを手放して大人用のトガを身につける、あの年頃に経験する変化をよく引き合いに出していたな。

青年期まで友人関係が続いたとしても、その後1人の女性を巡って争ったり、片方だけ出世できるような状況でライバルとなったりして、袂《たもと》を分かつかもしれない。

壮年期まで友情が続いたなら、今度は同じ官職を取り合って決裂することもある。

一般大衆の間では、友人関係のほとんどは、きっと金に対する欲望が原因で終わるのだろう。一方、上流階級の人々の間では、栄光や名声を巡る争いがもとで、友情がだめになってしまう。

すると、**とても仲のよかった友人同士が、しばしば最悪の敵になってしまう**ものだ。

片方が相手によからぬ頼みごとをしたばかりに、深刻な亀裂が生じることも当然あるだろう。

たとえば、不倫相手との逢引《あいびき》の機会を作るのに手を貸してほしい、とか、暴力行為に加担してほしい、とか……。そんなことはできないと断れば、それがいくら立派な行為でも「友情の掟《おきて》を破った」と言って、相手からは責められるだろうな。

結局、その手の要求をしてくる者というのは「自分は、友人のためなら何でもするつもりだ」と言いたいのだ。

しかし、**このような要求が度重なれば、単に友情が壊れるだけでは済まず、かつての友人たちの間に、生涯消えない憎しみが生まれてしまう。**

こうした危険は「恐ろしい運命の女神のように友情につきまとうものだから、このすべてから逃れるためには、知恵と幸運、どちらも不可欠だ」と、スキピオは何度も言っていた。

## どこまで「相手に尽くす」のが正しいか?

だから、もしよければ、まず、じっくりと考えてみようではないか。

## 会話は、とぎれていい

**愛される48のヒント**

加藤綾子

7万部突破!

上司から、パートナーから・・・周りの人から愛されるヒントがこの一冊に！目を見て話さなくたっていい、盛っていい話、ダメな話—人気アナウンサー 加藤綾子さんが数々の話し方の達人の隣で学んだ「会話の本質」とは？

定価(本体1,180円+税) | ISBN978-4-86651-122-1

## 失敗図鑑

**すごい人ほどダメだった!**

大野正人

12万部突破!

新しすぎて「意味わからん」と言われたピカソ。成功にしがみついたライト兄弟。歴史に名を残す偉人でも、沢山失敗をしてきました。読めば「自分の失敗なんて、たいしたことないじゃん！」と勇気が湧いてくる一冊です。

定価(本体1,200円+税) | ISBN978-4-86651-059-0

**難しいことはわかりませんが、**

## お金の増やし方

**を教えてください!**

山崎元 、大橋弘祐

26万部突破!

定期預金しか知らない「ド素人」が、東大卒、外資系証券や保険など金融12社を渡り歩いた「お金のプロ」山崎元氏に、なるべく安全なお金の増やし方を聞いてきました。

定価(本体1,380円+税) | ISBN978-4-905073-24-6

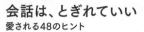

漫画

## バビロン大富豪の教え

**8万部突破!**

原著：ジョージ・S・クレイソン
漫画：坂野旭　脚本：大橋弘祐

世界的ベストセラー、100年読み継がれるお金の名著が、待望の漫画化！お金に悩まされる現代人に、お金に縛られず、充実した人生を送る方法を教えてくれます。

定価（本体1,620円＋税）｜ISBN978-4-86651-124-5

## もしも一年後、この世にいないとしたら。

**7万部突破!**

清水研

がん患者さん専門の精神科医が今、生きづらさを感じているすべての人に伝えたいこと。人生の締切を意識すると、明日が変わる。もしも1年後この世にいないとしたら、今やろうとしていることを続けますか。

定価（本体980円＋税）｜ISBN978-4-86651-146-7

## キキとジャックス

### なかよしがずっとつづく かたづけのまほう

**2万部突破!**

作：こんどうまりえ
絵と文：サリナ・ユーン

【「おかたづけ」の楽しさに初めて出会う本】
世界的な片づけコンサルタント、近藤麻理恵初の絵本！

定価（本体1,380円＋税）｜ISBN978-4-86651-161-0

## 友人同士の間では、どこまで「相手に尽くす」ことが妥当なのだろう？

もしもコリオラヌスに友人がいたなら、彼らは武器を取って、彼とともに祖国と戦うべきではなかったのか[26]？

ウェッケリヌスやマエリウスの友人は、共和国を転覆し、彼らがローマの王となるよう支援すべきではなかったのか？

最近で言えば、ティベリウス・グラックス[27]が、国家に歯向かって革命を起こそうとしたのを我々は目にしてきたわけだが、そのあいだに、彼はクウィントゥス・トゥベロなどの、同年代の友人たちから見放されている。

ところが、クーマエのガイウス・ブロッシウスは――スカエウォラ、君のところの賓客でもあるが――グラックスの逮捕後に、わたしが執政官のラエナスとルピリウスと会っているところへ、命乞いにやって来た。

26）ローマの貴族グナエウス・マルキウス・コリオラヌスは紀元前5世紀初頭、周辺地域の民族と共謀しローマの街を制圧しようとした。
27）共和政ローマの政治家。グラックス兄弟の兄。当時没落の道をたどっていたローマの農民を救おうと、農地改革に着手した。同名の父親（131ページ／脚注46）は、区別するために「大グラックス」と呼ばれる。

言い分はこうだ。
「自分はグラックスを非常に尊敬し、彼の頼みなら何でも聞くことを、義務だとまで考えていたのだ」と。[28]
そこでわたしが「もし『ユピテル神殿に放火しろ』とグラックスに言われていたら、どうしたかね？」と尋ねると「そんなことをグラックスが言うはずもないですが――もしそう命じられたら、わたしは神殿を焼き払ったことでしょう」などと言いおった。

何たる不届きな言い草！
いかにも、この男は有言実行を貫き、それ以上のことをやりおおせたのだ。軽はずみにグラックスに従っただけでなく、彼の前に躍り出て、暴動を牽引《けんいん》した。しかし、激するあまり錯乱し、特別法廷での審理が迫るとアジアに逃亡しおった。かの地で、共和国に仇《あだ》なす者どもと徒党を組んだはいいが、最後は祖国に逆らった罪にふさわしい、重い代償を払うことになった。

**いくら友人のためでも、間違っているものは間違っている**のだ。

「徳なくして友情なし」と、肝に銘じておきなさい。**不道徳な行為を友人から期待されるようなら、その関係を続けるのは難しい**ものだ。

**友情のために「不正」を働いてはならない**

友人の要望を何でも聞いてやり、また、自分のほしいものは何でも相手から手に入れるのが正しいのだと、そのように定めたとしても一向にかまわん。

ただしその場合は、我々が完全無欠の叡智を備えていることが条件だ。

しかし今は、どこかにある理想の世界ではなく、目の前に見ている――または身をもって知っている――種類の友情、つまり「現実世界に存在する友情」について話しているのだったね。

28）グラックスは農地改革などの政策を通じて共和国の急進的な改革を試みたが、紀元前133年に元老院の一団に殺された。ガイウス・ブロッシウスはストア派の哲学者で、ローマに対して謀反を起こし鎮圧された後、アジアで自殺した。

ここで引き合いに出すなら、実在の人物、それも、真の知恵に最も近しい人々にしたほうがよいだろう。

古い書物で、アエミリウス・パプスとガイウス・ルスキヌスのことを読んだことがあるだろう。

2人は親しい友人で、2度同じ年に執政官をつとめ、また、監察官としてもともに仕事をした。それだけでなく、マニウス・クリウスとティベリウス・コルンカニウスは、この2人の共通の友人で、お互いも親しかったそうだ。

このうちの誰かが「友情のためだから」といって誓約を破ったり、共和国に害をなす、といった不正を働いたりすることがあり得たかといえば、とてもそうは考えられない。

わざわざ指摘するまでもないが、この4人ほどの者たちであれば、仮に誰か1人がそんな要求をしたとしても、ほかの者たちが聞き入れることはなかっただろう。かように高潔な男たちは、そんな頼みごとはするほうも聞くほうも等しく間違っている、と判断するものだ。

片やガイウス・カルボとガイウス・カトー[29]は、(国家に歯向かい、革命を起こそうとした)ティベリウス・グラックスに従った。ティベリウスの弟のガイウスも同じだ。初めは消極的だったが、今では意気軒昂《いきけんこう》としてやっている。

そういうわけで、次のような友情の法則が成り立つ。**けっして、友人に恥ずべき行いを求めてはいけない。自分がもし頼まれたとしても、応じてはいけない。**

さらに言えば、友情を理由に恥ずべき行動を起こすのが、総じて不名誉であるのはもちろんのこと、「自分は、友のために共和国に害をなしたのだ」などという弁明はもってのほかだ。

同志たちよ、我々が生きる今の時代、祖国をおびやかすものについて熟知しておかねばならぬ。それというのも、我々は先人たちが用意してくれた道を大きく外れて、

29）ガイウス・パピリウス・カルボは、紀元前130年に護民官をつとめたと思われる。ガイウス・ポリウス・カトーは紀元前114年の執政官。

進むべき方向を見失ってしまったからだ。

## 「善意ある友人」か、それとも「悪意ある共謀者」か

(先に触れた)ティベリウス・グラックスは、王として国を支配しようとした。いや、実際に数か月間にわたり支配した、というべきか。

ローマ市民は、そのような事態をかつて、見たことも聞いたこともなかった。グラックス亡き後も、その主義に従い続けた友人や親族が、大スキピオにどんな仕打ちをしたか、涙なしには語れんよ。

(大スキピオの政敵である)カルボに関しては、ティベリウス・グラックスを罰した直後だったので、目をつぶるしかなかった。ガイウス・グラックスが護民官になった日にはどんなことになるやら、予見するのも厭《いと》わしい。

今のところ、情勢の悪化は日ごとに見ればゆっくりだが、いったんはずみがついたら、一気に崩壊へと突き進む。

無記名投票の問題が、ガビニウス法から2年後のカッシウス法を経て、どれほど厄介なことになったかは知っているな。[30]

わたしには、民衆が元老院との争いを扇動され、国家にとって最も重要な事柄が暴徒の気まぐれで決められているように見える。

この種の騒動は、それを抑える方法を学ぼうという者よりも、仕掛ける方法を知りたがる者のほうが多いのだ。

……なぜ、こんな話をするのかだって？ **共謀者がいなければ、誰もそんな大それたことには手を染めない**からだよ。

だから、善良な人々が、図らずもその手合いとつき合ってしまった、と自ら悟ったときは、国に対する背信行為を犯すほどになるまで、そういう輩《やから》との友情に縛られなくてよい、と知る必要がある。

**反逆者を罰するのは当然として、悪意をもってそれに続いた者たちも、処分を受けて然《しか》るべきだ。**

30）紀元前139年のガビニウス法で秘密投票法が導入され、2年後のカッシウス法では秘密投票が刑事事件での陪審による票決にも拡大された。

ギリシアで最も名を馳せ、力をもった人物といえばテミストクレスだな？

彼は、ペルシアとの戦争中に、ギリシアを隷属から救った。

しかし、その後は勢力を失って亡命した。恩知らずな祖国の不当な処遇に、義務として耐えるのが嫌だったのだ。

彼は、その20年前にコリオラヌス（67ページ／脚注26）が我が国で取った行動を、なぞるように動いた。

国を相手取って戦うのに、誰1人として加勢しようという者がなかったので、最後には2人とも自ら命を絶っている。[31]

要するに、そのような悪質な謀《はかりごと》に加担する口実として友情を持ち出すなど、言語道断なのだ。

そうした罪に対しては、法で許される限りの厳罰をもって臨むべきであり、そうすれば誰も、祖国に仇なす友人の謀略に加担して許される、などとは思うまい。

しかし、世のなかの流れを見る限り、将来そうしたことが起こってもわたしは驚かないだろう。

**一生涯壊れない関係を育む「友情の法則」**

とにかく、自分が生きているあいだだけでなく、死んだ後の共和国の行く末が心配なのだよ。

というわけで、先ほども言ったように、友情の第1の法則を、こんなふうに定めることとしよう。

**友人に求めてよいのは、気高い行為のみ。**
**友人のためにしてよいのは、正しい行為のみ。**
**ただし、善行は頼まれずとも積むこと。**
**熱意をもち続け、躊躇《ちゅうちょ》しないこと。**
**気兼ねせずに、正直な意見を述べること。**

31）テミストクレスがアテナイを去ったのは紀元前471年頃。コリオラヌスとテミストクレスは両者とも長生きし、亡命先で老衰死した、とする説もある。

**お互い、聡明な友人の忠告には、いつでも耳を貸すこと。真の友人は、信頼できるアドバイスを与え合い、率直なだけではなく、必要とあらば厳しいことも言うべきだ。**

わたしからのこの助言は、ぜひ心に留めておいてほしい。

**友人をもつのは「煩わしいこと」なのか？**

さて、ギリシアで賢人と考えられている者のなかには、わたしなどは仰天してしまうようなことを言う連中がいると聞く。

もっとも、彼らにとってはどんな議論も、難しすぎてお手上げ、とはならんのだろうな！

なかには**「あまり多くの友人をもつことは、避けるべきだ。そうすれば、1人の人間が不安を背負い込まなくて済む」**と主張する者もいるそうだ。

他人の問題まで抱え込まなくとも、皆それぞれに我が身のことで手一杯、というわけだ。

それに「友情の手綱には遊びをもたせて、自分にとって最適な距離を保てるように、引き締めたり、緩めたりできるようにしたほうがよい」などとも。

彼らに言わせれば、人生で最も重要なのは気がかりのない生活を送ることであって、周囲のために身を削る、つまり、迷惑を被るようでは、精神の自由を享受できない、という理屈だ。

しかし、もっと不人情で、さらにひどい物言いをする者もいるらしい。

先ほども少し触れたが、友情は、善意と真実の愛情からではなく、身を守るため、そして、手助けを得るために形成されるべきだ、というのだ。

このような考え方をするなら、安定と強さを最も欠く者が、友情を築くのに最も熱心だ、ということになるではないか。

ということは、女性は男性よりも[32]、貧しい者は富める者よりも、惨めな者は幸せだと思われている者よりも、友情を探り当てることになる。

32）当時の男尊女卑の性別観を象徴している。

おいおい、何と見上げた知恵だろう！

人生から友情を取り去るくらいだから……ギリシアの賢人たちときたら、今度は、天から太陽を盗むかもしれんな！　神から授かったもののうち、友情より、楽しく、すばらしいものなどないというのに。

そもそも、彼らの求める「気がかりのない生活」とは何だ？

ちょっと聞くと魅力的なようだが、実際には、そんなものは遠ざけておいたほうがよいのだ。

**不安から自由でありたいがために「気高い行動を取らずにおく」とか「途中で投げ出す」というのは筋違いというものだ。**

心労から逃れようとすれば、徳もまた遠ざけることになる。徳をもてば、相容《あいい》れない性質を拒否しようとして、心労がついてまわるのだから。

善は悪を避け、自制心は劣情から逃れ、勇気は臆病さを振り切るのに必死なのだ。

だからこそ、正義の人は不正に、勇敢な人は臆病な心に、穏健な人は過激さに、苦しむ。

単純な話で、善いことを喜び、その逆で胸を痛めるのは、端正な心の持ち主として当たり前なのだ。

**その先に友情でしか得られない「喜び」がある**

どんなに賢明な者でも、時として苦悩を味わう――人間的感情を丸ごと心から追い出さない限り、誰しもが味わうだろうが――だからといって、苦悩を避けるために、何だって友情を切り捨てなくてはならないのか？

もし、感情をなくしてしまったら、ヒトと獣の違いどころの話ではない。木の幹だの岩だのといった、モノと生きている人間とは何が違うというのか。

徳は鉄のように固く、厳《いか》めしいもの、などという主張には、耳を貸さなくてよい。人生の多くの局面で言えることだが、徳というものは、特に友人関係において、相手の好不調に関係なくその時々の必要に応じて、柳のようにたわんだり屈したりしながら変化する。

**友人のために生じる不安は受け入れるべきものであって、人生から友情を切り捨てる根拠には、けっしてならない。**

時に心労や苦悩を抱えてしまうからといって、高潔な生き方を拒否するべきでないのと同じことだ。

しかし、先ほども言ったように、徳というのは友情の絆も含んでいるのだから、片方が輝かしい善行をおこなって、相手が喜んで受け入れてそれに報いるなら、友人同士の真の愛はどうしたって芽生えるというものだ。

数多くの空虚なこと――名誉や栄光、豪邸、外見的な自分磨きなど――に大喜びしておきながら、人から愛される要素を備え、またそのお返しに（と言ってはなんだが）、人を愛する力をもった生きた人間とのつき合いを楽しまないなんて、こんな馬鹿げたことはない。

それもそのはず、**友人同士で善意を示し合い、助け合うこと以上の喜びなど、ほかにない**のだから。

## 「似た者同士」が惹かれ合うのは自然の定め

もう1点、ぜひつけ加えたいことがあるのだが、よいかな？

……大事なことだと思うのでね。

**友人関係では、何をおいても「感性が似ている」ということが互いを魅了し、引き寄せ合う要件**なのではないだろうか？

善い人間同士が、まるで生まれついての同類のように互いに好意を抱き、相手を見つけ出すのは、うなずけることだと思う。自分に似た者を求める本性ほど、一途《いちず》で貪欲なものはないのだから。

こうして考えてみると、若き友たちよ、善人が善人に対して、いわば必然的に愛情を抱くのは、明白なことではあるまいか。なぜなら、それが自然の定めた友情の源だからだ。

しかし、はっきり言っておこう。**善良という性質は、一部の人だけにではなく、老若男女すべての人に備わっている。**

徳とは、何やら非人間的で排他的な、鼻持ちならないものではなく、あまねく国家を守り、安泰にするものだ――それは、平凡な人々の愛情なくしては、けっして実現しない。

## 「利益目当て」の友情が成立しない理由

繰り返すが、利益こそが友情の基盤だと言う者は、その最も貴重な結びつきを台無しにしているように思う。

友人から得る利益は、友人の愛それ自体より、喜ばしいものとはなり得ない。**友人から受ける実用的報酬は、自発的に喜んで差し出された場合に限って喜びとなるのだ。**

「互いの需要を満たしているから本当の友情が育まれる」というのは、断じて真実ではない。

最も親切で寛大な人というのは、実際には、最も他人を必要としない人である。つまり、富と権力、そしてとりわけ我が身を守る盾として、1人の人間がもち得る最良のもの——「徳」に、最も恵まれた人なのだ。

だからといって「友人はけっして、お互いから何かを必要としてはいけない」などと考えているわけではないぞ。

もし、スキピオが国内外でわたしの忠告や手助けを一切必要としなかったら、わたしは彼への献身を示しようがなかったではないか。

正確に述べるならば、**友情は、利益の結果として生まれるのではなく、友情の結果、利点が生まれる**のだ。

だから、友情について語るときに、快楽だけを追い求める人々のことは気にするまい。理論的、また実践的な面いずれにおいても、彼らにはそれ以外の考えは理解できないだろうから。

考えてもみたまえ。世界中の贅沢品《ぜいたくひん》に囲まれ、人生のあらゆる豊かさを享受したい、と望んでおきながら、誰かを愛したいとも、誰かから愛されたいとも思わない者があるかね？

そんなものはきっと、暴君の生活だ。

そこには、信頼も相互の愛情も、思いやりへの期待もないのだ。あるのは不安と疑いだけで、友情の入る余地などない生活だ。

## **「富」や「権力」は時に人間関係の妨げとなる**

怖いと感じる相手、または自分を怖がっている相手を、愛することなどできるはずがないではないか。

たとえば、暴君が周囲から愛されているように見えても、それはいっときのことでしかない。**暴君の常として、ひとたび権力の座からすべり落ちたら、彼らは自分にいかに友人が少ないかを思い知るものだ。**

ローマ最後の王であるタルクィニウス（57ページ／脚注25）が亡命したとき、彼は「自分が人に褒美を与える立場でなくなってみて初めて、誰が真の友人で、誰がそうでないかを理解できるようになった」と告白したという。

実際、彼の傲慢さと残酷さを思えば、タルクィニウスにほんの数人でも友人がいたことに驚かされる。

そして、その人格ゆえに、彼がただの1人も「真の友人」をもてなかったように、**富と権力のある者はしばしば、誠実な人間関係を育てることができなくなる。**

幸運の女神は、自身が盲目であるだけでなく、[33] 自らが寵愛《ちょうあい》した人間をも、しょっちゅう盲目にしてしまうのだ。

幸運を手にした者は、頑迷さと高慢によって自分を見失う――そして、運に恵まれた愚か者ほど耐え難いものはない。

実際、かつては品がよく親切だった者が、地位と権力と富を手にしたとたん、古い友人を見捨てて新しい友人を厚遇する、というのはよく見られる光景だ。

**どんな贅沢品よりも価値ある貴重なもの**

豊かな富と優れた技量をもつ資産家が、馬や奴隷、贅沢な衣服、高価な食器など、金で買えるものをすべて手に入れておきながら、友人をもたないとしたら、これ以上馬鹿げたことがあるかね？

**つまるところ、人生において友人は、何よりも贅沢で美しい装飾品なのだ。**

そのような裕福な人々が、何かモノを買おうとするとき、それを手に入れるのは誰なのか、自分が誰の利益のためにそこまで必死に働いているのか、彼らはわかってい

33）「幸運の女神は盲目である」といわれていた。

ないのだ（そうしたモノは、結局最後には、一番力のある人間の手に渡ってしまう）。

しかるに友人は、何より確かで変わらない、誰もがもつことのできる財産だ。

**金で買えるあらゆる贅沢品を手にしたとしても、友情の喜びのない人生は空《むな》しく、惨めなものだ。**

……だがまあ、この点についての話はもう十分だろう。

## 友人との間に保つべき「最適な距離感」とは

今度は、友情の範囲と、境界線とでもいうべきものを一緒に検討してみよう。

このテーマについてはどうやら3通りの考え方があるようなのだが、そのどれとして、わたしは賛成できない。

まず1つめ、**「自分で自分を大切にするのと同じようにして、友人を大切にするべきだ」**。

2つめ、**「両者が相手に向ける好意は、あらゆる点で等しくあるべきだ」**。

3つめ、**「本人の自己評価がどんなものであれ、友人もそれと同じように、相手を評価するべきだ」**。

**わたしは、これらの考え方は3つとも間違っていると思う。**

1つめ――「自分自身にしてやるように、友人にもしてやるべき」というのは、明らかに間違いだ。

考えてもみたまえ、自分自身にはまずしないようなことを、どれだけ友人にしていることか！

友人のためだからと、そうする価値のない人物に頭を下げたり懇願したりすることもあるし、声を張り上げて誰かに容赦なく反論し、盾突くこともある。

これを、自分のためにやるとしたら立派なこととは言えまいが、友人のためなら非常に気高い行為だ。

**善良な人は、しばしば自らの立場を危うくし、ほしいものや必要なものをあきらめてでも、自分ではなく、むしろ友人がそれらを享受できるようにする。**

2つめの意見は、友情というものを「行動」と「気持ち」の等価交換に限定するものだ。こうなると友人関係は、用心深くしみったれた貸し借り勘定になってしまう。

わたしは、友情というのは、もっと上等で豊かなものだ、と考えている。こちらが受け取った以上に相手に与えてはいまいか、などと、わざわざ帳簿をめくったりはしない。

自分の親切が無駄にならないか、あふれて床にこぼれやしないか、相手の器に注いだ分だけちゃんと戻ってくるだろうか、とビクビクするようなものでもない。

それにしても、3つめの意見――本人の自己評価と同じように、友人も彼を評価するべきだ、というのは、一番始末に負えない。

心折れた友人が、盛り返せる自信をほとんどもてずにいる、というのはよくあることだ。

そんなときに、本人が自分に下すのと同じ判定を繰り返し下すのは、真の友人のなすことではない。

それよりも、全力で働きかけて気持ちを盛り上げ、もっと明るい希望と計画をもてるようにしてやるのが友人だ。

## 「気が合わない相手」には深入りしない

となると、友人の範囲をうまく定義する、もっとよい方法がほかにあるはずだ。しかしそれを考える前に、スキピオが猛烈に非難した、ある考えについて聞いてほしい。

「いずれ憎むかもしれぬもの、と承知の上で、友人を愛すべし」という格言があるが、彼は、これほど友情に真っ向から対立する考えはない、とよく言っていた。

多くの人が、これを七賢人の1人に数えられたビアス（29ページ／脚注11）の言葉だと信じているが、スキピオはとてもそれには納得できない様子だった。

哀れな策士か、完全に自己中心的などこぞの輩が言い出した言葉だろう、と彼は考えていた。

「こいつは敵になるかもしれない」と思う相手と、いったいどうやって友人になれ、というのだ？

そんなことになったら、必ずや、友人であるはずの相手ができるだけ頻繁に愚かなことをしでかして「いつか対立したときに、弱みを握るネタになればいい」と願うことだろう。

正しいことをされれば、腹立たしく悲痛な思いを抱き、その事実を認めたくないと感じることだろう。

だから、誰が言ったにしろ、この教訓は実際のところ、友情を破壊する効果をもつはずだ。

**もっとよいやり方として、まず、友人関係をもとうとするときによくよく気をつけて、いつか憎むかもしれないような相手に、深い思い入れをもたないようにする**ことだな。

スキピオの持論は、たとえ友人の選択が間違っていると思っても、機会をうかがって諍《いさか》いを起こしたりせず、そのままにしておいたほうがよい、というものだった。

**友人の「頼みごと」にはどこまで応えるべきか？**

友情というものの境界線は、次のように定義できるだろう。

友人である2人の人格に、本質的に何の欠陥もないのなら、すべての行動、計画、願望を分かち合ってよい。

しかし、万が一友人が、不適切な願望でも「自分の人生や評判を左右することだから支持してほしい」と頼んできたら、友人を救うために、まっとうな道から脇へ逸《そ》れることも厭わない覚悟をもつべきだ。

ただし、あまりにも破廉恥なことを頼んできたなら、話は別だ（何だかんだ言っても、友人にしてやるべきことには限度がある）。

しかし、評判の重要さを見くびってはいけないし、同袍《どうほう》たちの好意を、物事を成し遂げるための単なる手段、と考えるのもよくない。

自分自身が好かれようとして、媚《こ》びたりお世辞を言ったりするのが恥ずかしいことだとしても、だ。

徳は、親愛の情を引き寄せるもので、さっさと片づけられるものではないのだ[34]。

34）キケロが具体的に何を言おうとしているのか判然とせず、非常に訳しづらい段落。彼がここで言っていることは、友情における義務に関して対話の前半で提唱した気高い考え方（69ページ）に矛盾しているようにも読める。

## 「友人にふさわしい相手かどうか」の見きわめ方

スキピオは――彼はいつも友情について語っていたから、わたしの話に頻繁に名前が出てくる――不満げに、よくこう言っていたよ。

「皆、日々の暮らしのことでは何でもかんでも細かいことを言うくせに、友情についてはなおざりだ。山羊《やぎ》や羊を何頭所有しているかは答えられても、友人が何人いるかは答えられない」と。

前者を手に入れるにあたっては細心の注意を払うが、後者には払わない。相手が友人にふさわしいかどうか、判断するための指針も尺度もない。

この点については、**真面目で意志の強い、信頼できる友人を選ぶべきだ**、というのがわたしの考えだ――昨今の世のなかでは、かなり選択の幅が狭くなってしまうがね。問題は「つき合ってみなければ、友人として望ましい資質を備えているかどうかを見きわめるのは難しい」ということ。そして、相手の人となりを知る唯一の方法は、親しくなることなのだ。

**かくして、相手をよくよく判断するための試行期間もないまま、友人関係が始まることになる。**

ということは、**好意的な感情の湧き上がるまま突き進みたい気持ちを、いったんは抑えるのが賢明**だといえよう。

「2頭立て戦車」の手綱を引くようなものだ。馬だって、競走に参加させる前に必ず試しに走らせてみるのだから、同じように、友人になるかもしれない相手がどんな性格なのか見てみたほうがよい。

## 「うまくいっていないとき」こそ本当の関係がわかる

なかには、単純な経済的問題に直面した際に、自身の貧しい性格を露呈してしまう人もいる。

絡んでいる金が少額であれば行儀よくふるまうが、大金が関わるとなると、本性をあらわす人もいるだろう。

「まさかこの人は、友情より金を取ったりはするまい」――そう思える相手なら、あるいは見つかるかもしれない。

しかし、**名誉や公職、将軍職、権力、あるいは富……といった対象**と比べたとき、友情をそれらより下に見ることのない人となると、どこに行けば出会えるだろうか？**それらと友情とを天秤《てんびん》にかけたとき、ほとんどの人は「友情ではないほう」を選んでしまう**のではないだろうか？

こういった反応を拒絶できるかという話になると、人間の本性は弱いものだ。しかも、なかには「友人より権力を選んでも、大目に見てもらえるだろう。何しろ、友情を二の次にしたのには重大な理由があるのだから」と考える者さえいる。

**だから、政治家や公職者同士の真の友情というのは、なかなかお目にかかれない**のだよ。だってそうだろう、**自分の成功以上に、友人の出世に重きを置く者など、滅多にいるものではない。**

それはともかくとしても、大多数の人にとっては、他人が逆境にあるときに何かを分け与えることは、どうにも許し難く、困難に思えるらしい！

友人とともに苦悩の深みに降りていこう、という人を見つけるのは、容易ではないということだな。

だが、エンニウス（47ページ／脚注22）のこの言葉は当たっている。

信じられる友は、不遇のときに見つかる。

ところが大概の人は、自分が波に乗っているとき、もしくは友人がうまくいっていないときに、弱く、信用に足らない面をさらしてしまう。

このどちらかの状況にあってなお、信頼でき、誠実で友情に厚いことを身をもって示す人がいたら、極めてまれな種類の人間だと考えてよい。というよりも、その人はほぼ、神のように奇跡的な存在と言えるかもしれない。

**長続きする人間関係には「誠実さ」が欠かせない**

友情に求められる安定性と不変性の土台となるのは、**誠実さ**だ。「誠意はないが、安定している」なんてことは、あり得ないのだから。

その上で、**正直**で**社交性**があり、**共感できる**人――つまり、共通の事柄に意欲を示す人――を選ぶ必要がある。

どれも、人間関係における大切な要素だ。

性格の曲がり切った人間に誠意は期待できないし、同じものを見聞きしていても心を動かされない相手や、根本的に自分とは異質な相手とも、やはり誠意ある関係・安定した関係は築けない。

## 「信頼できる相手」を見つけるために大切な条件

信頼できる友人を探す、ということについて話しているわけだが、そのときに考慮すべきもう1つの条件は、自分の友人に関して噂を広めて喜んだり、他人から噂を聞いて真に受けたりしない人を見つけることだ。

最初から言っているように、真の友情というものは、善良な人間同士でなければあり得ないのだ。

善人――または、賢人と呼んでもいいのだが――は、友情について、次の2つの原則にこだわる。

1つめ、**けっして嘘をつかず、欺《あざむ》かない**（誠意ある人は、友人に対して本音を隠すのではなく、率直に異議を唱えるものだ）。

２つめ、**第三者からの中傷は受けつけない**。友人がよからぬことをしたのではないか、と疑いの目で見たり、考えたりすることもない。

もう１つ、**話すにしろ何かをするにしろ、２人でいるときはやはり、ある程度愉快なほうがよい**。それが、友情の特別な味わいとなるためだ。

厳格で生真面目なのは、然るべき状況であれば感心なものだ。けれども、友人関係はできるだけ、つき合っていて楽しく、安心できるように、もっと温かく気楽で打ち解けたものであったほうがよい。

## 友情を育むのに「新しさ」や「古さ」は関係ない

しかしここで、次のような悩ましい問題に直面し、自問することになるやもしれん。

「もし、新しく友人になりたいと思う相手を見つけたら、年寄りの馬より若い馬がいいように、旧友よりも新しいほうを選ぶべきだろうか？」と。

……いやはや、人間に対してなんという浅ましい問いだろうか！

ほかのことはともかく、友情に限っては「これでもうたくさん」とはならんのだ。昔からの友情は、ワインと同じく、時とともにさらに芳《かぐわ》しいものに育つ。「友情のつとめを果たすには、大量の塩を一緒に食べなくてはならない」という諺[35]は、真実なのだ。

もちろん、**見込みのありそうな、新しい友人関係を切り捨てるべきではない。**それは、確実に実をつける若芽のようなものだからな。

しかし、**長年の友情に対しても、人生のなかで、そのための特別な場所を取っておかなければならない。**

時間と習慣の力は強大だ。さっき例に挙げた馬にしても、特に問題がなければ、慣れていない新入りの馬よりも、よく慣れた馬を使うだろう。

生き物に限ったことではない。無生物であっても、やはり馴染《なじ》みがあるというのは大切なことで、険しい場所や荒れ地でも「そこにいて楽しい」とか「ついそこで過ごしたくなる」場所というのはあるものだ。

**友情の前に人は皆「平等」である**

ことさら重要なのは、**同格の地位にある者と分け隔てなく、格下の友人にも接する姿勢**だ。

たいていは、友人たちのなかで誰か1人だけが抜きん出ているもので、我々の、いわば「小さな群れ」のなかでは、スキピオがそうだった。

しかし彼は、ピルスやルピリウス、ムンミウスなど、彼より肩書の低い者のことを、自分より重要度の低い相手として扱うことはけっしてなかった。

彼自身の兄である、クウィントゥス・マキシムスに対してもそうだ。マキシムスもすばらしい人物ではあったが、スキピオと同格ではなかった。しかし、スキピオより歳上だったので、スキピオは彼を目上の者として敬っていた。

それにスキピオはいつも、自分の人脈を生かして、友人たちの将来性を高めようと

35）「友人として長く関係を続けていくには、並大抵ではない努力が求められる。その覚悟があって初めて、生涯の親友に出会うことができる」という意味（参考：『名言の智恵　人生の智恵』谷沢永一編著・PHP研究所）。

してくれた。

これは誰もが見習うべきお手本だ。

だからもし、**自分に徳や才能や財産といった強みがあるのなら、それを家族や親しい人たちと、惜しむことなく分け合ってほしい。**

たとえば、両親が身分の低い家の出身なら、もしくは、親類が知力や行動力、経済面でそこまで恵まれていないのなら、その名誉を高め地位が上がるように、力を貸してやるといい。

ほら、こんな話があるだろう？　——主人公には、実は高貴な生みの親がいるのだが、そうとは知らず、奴隷として何年も仕える、というものだ。

ついに自分が、本当は神々や王の子だと知ったとき、それでも変わらずに、長年自分の両親だと思っていた貧しい羊飼いの夫婦を愛する。

ということは、紛《まが》うことなき実の両親に対して、我々が負っている恩義はさらに大きいはずだ。

**皆それぞれに、才能や徳や、そのほか色々な秀でた素養をもっていると思うが、そ**

**の成果は最も身近で愛《いと》おしい人々と分け合ってこそ、最大限に生かせるのだ。**

## 手を貸した相手に「恩を着せる」のは本末転倒

だから、優越的な地位にある者は、そのような地位にない友人知人の目線に自分も立って然るべきだが、それと同じで、低い身分にある者も、才能や金や地位で後れを取ったからといって、傷ついたりしないほうがよい。

後者には、いつまでも泣きごとや不平を言い続ける者が多すぎる。

特に、何か仕事や頼まれごとを友人のためにしてやって、自分の側が大きな労力を払ったと見えるような場面で、しつこく文句を言う。実に面倒くさい連中だ。

**何か親切なことをしたとして、その親切を心に留めて感謝するのは、まったくもって親切を受けた本人次第なのであって、してやった側から念を押すことではない。**

## 「惜しみない手助け」を与える覚悟はあるか

もう一度言うが、相手より優位に立つ者は、友人の水準に自分が合わせ、できる範囲で出世や成功を後押ししてやるといい。

なかには、自分が敬意のない態度で扱われている、と考えて、友情を苛立《いらだ》ちの種にしてしまう人もいる。

……本人が、そのような扱いを受けて当然の人物でもない限り、そんなことは滅多にないだろうに！

だが、そんな思い違いにとらわれている友人がいたら、安心できるように言葉をかけるだけでなく、行動で示さなければならない。

それにはまず、何よりも、友人一人ひとりに精一杯力を貸してやることだ。

そして一方で、本人の手に負える範囲にとどめること。

いかなる成功者でも、友人全員が最高峰に上りつめるまで、手助けはしてやれない。スキピオは、プブリウス・ルピリウスが執政官になるよう力添えすることができたが、その兄弟のルキウスにはできなかった。

だから、たとえ自分に十分な余力があって友人の力になれる、と思っても、どの程度の手助けが相手にとって功を奏するのか、必ずよく考えなければならない。

**友人関係を深めるのに最適なタイミング**

**まで、友人関係には深入りし過ぎないほうがよい。**

原則として、**一定の年齢に達し、人格と生き方が定まってきて立場や地位を固める**

若い時分に、ほかの少年たちと狩りやボール遊びをするのが好きだったからといって、大人になってからも幼馴染《おさななじみ》とのつき合いが続くかどうかはわからない。

そのような公式が成り立つなら、乳母や一家の奴隷は、我々のことを一番長く知っているのだから、真っ先に友人になるはずだ。

もちろん、そうした使用人を軽んじるべきではないが――彼らのことは、友人とは分けて考えるべきだ。

安定した友人関係を保つには、互いが大人になるのを待つしかない。

異なることに関心をもてば、異なる人格が育つ。そして、この食い違いは友情を引き裂くものだ。

善人は悪人と仲良くなれず、逆もまた然りだが、その理由はこれに尽きる。

単に性格と興味の対象が、あまりにもかけ離れているのだ。

**「過剰な愛」は友情のためにならない**

友情には、もう1つ大切なルールがある。

**本人が、世のなかの役に立つような、やりがいのあるチャンスをつかもうとしているときに、過剰な愛に任せてそれを邪魔しないこと。**

これはよくある話だ。

古代の物語から、ネオプトレムス（半神半人のアキレスの息子）の例を挙げよう。

ネオプトレムスの育ての親である祖父・リュコメデスは、彼がトロイ戦争に出立しようとしたとき、おいおいと声を上げて泣き叫び、彼を思いとどまらせようとした。

しかし、もしネオプトレムスがそれを聞き入れていたら、彼はけっしてトロイを倒してはいなかっただろう。

重要な任務を引き受けることで、友人と離れなければいけないことはよくある。

取り残された悲しみを、自分ではどうにもできないからといって、友人が大きなチャンスに必死に食らいつくのを阻もうとする者は、だいたいが生来弱く、臆病なのだ。友人に対して聞き分けのないことを言ってしまう理由は、まさにそれだ。

**友人と「気まずくならない」ために注意すべきこと**

**自分が友人にものを頼むとき、何が妥当で何がそうでないか、普段からよく考える癖をつけたほうがよい。**

相手から頼まれることに関してもそうだ。

交友関係を断とうとして、どうしてもゴタゴタしてしまうときがある。これは、賢人同士の友情ではなく、ありふれた日常的な友人関係の場合だ。

たとえば仲間の1人が、実は友人やまわりの人間に影響するような、よからぬ行いをしていた、ということが往々にしてある。

すると、当人のみならず、周囲の友人までもが悪い噂の的になり始める。

こんな場合は、その友人とは少し距離を置いたほうがよい。

つまり、友人関係の縛りを断ち切るのではなく——カトーはこう表現したらしいのだが——ほぐすのがよい。

しかし一方で、残念ながら友人の行動があまりにもひどいゆえに「名誉にかけて、この関係を直ちに、そして公然と、終わらせなければ」と感じるときもある。

さらに、友人同士の間で一般的に起こり得るのが、性格や興味の対象、政治的意見が変わる、といったことだ。

繰り返すが、わたしは平凡な友人関係について話しているのであって、賢人同士の友情について話しているのではないぞ。

さて、その場合、かつて友人だった相手を敵にまわさないように、用心しなければならない。自分が一度は好意を寄せた相手に争いを仕掛けるほど、みっともないことはないからな。

おまえたちも知っての通り、スキピオはわたしのために、クウィントゥス・ポンペイウスとの友人関係を終わらせた。それに、わたしの同僚のメテルスとも、政治的な意見の相違がもとで仲違いした。[36]

しかし、どちらの場合も、冷静沈着に節度を保ち、恨みを差し挟まずに事に当たっていた。

だから**まずは、友人との間に不調和が生じることのないように、最大限の努力を払うように。**

**もし、それでも2人の仲がうまくいかなくなったら、友情の火を踏み消してしまうのではなく、ひとりでに消えたような体裁を取りなさい。**

もう一度言おう。

気まずくなった「元友人」を、辛辣《しんらつ》な「敵」に変えてはいけない。中傷や非難や陰口は、そこから始まるからだ。

そして、万が一そうなっても、仲がよかったころの誠実な気持ちを尊重して、耐えたほうがよい。

まわりには、ひどい態度を取っているのは向こうであって、こちらではない、と言わせよう。

36）クウィントゥス・ポンペイウス・ルフスはラエリウスを破って紀元前141年に執政官に就任したが、当初は立候補するつもりがないかのように装っていたと伝えられている。クウィントゥス・カエキリウス・メテルス・マケドニクス（紀元前143年の執政官）は、この会話の舞台となった時期に鳥卜官の組合でラエリウスと同僚だった。

このような気まずい事態を防ぐ方法は、ただ1つ。

その、価値のない相手をあまりに早まって愛し、友情を捧げてしまわないよう、最初の時点でくれぐれも気をつけることだ。

「友情」とともに生きる

第3巻

**友人とは「もう1人の自己」である**

友人になる価値のある相手とは、その**内面に「愛される理由」がある人**だ（希少なケースだが、それを言うなら、かけがえのないものは何だって希少なのだ）。

ある類型のなかで傷ひとつないお手本を見つけようと思ったら、これほど難儀なことはない。

世のなかの大多数の人は、相手が多少なりとも自分に利益をもたらさない限り、その人によいところがあるとは考えない。

まるで、牛の品定めではないか！　自分のおこなった投資に対して、一番の見返りをくれる相手にしか、最高の価値を感じないとは。

このようにして**多くの人が、最も美しく、自然な形の——それ自体に価値を見出し、求められる——友情を、味わうことができずにいる。**

そして、経験したことがないために、この種の友情がいかに力強いものになり得るか、想像もできない。

誰しも自分はかわいいが、それは「自らを愛することで、何か利益を生み出せるかもしれないから」ではなく「自分が自分であるという理由だけで、すでに最愛の存在だから」だ。

この種の感情を友人に対してももてるようでなければ、真の友情を見つけることはけっしてないだろう。**友人とは、ひとことで言えば「もう1人の自己」なのだから。**

動物でさえ――鳥でも魚でも獣でも、人の手で飼い馴《な》らされていようと、野生であろうと――**まず、自分を愛することが根本にある**のは明らかだ。

この感情は、あらゆる生き物のなかに、生まれたときから等しく備わっている。また、彼らが、ともに生きる仲間として、自分に似た生き物を求める必要があるのも、紛れもないことだ。

動物たちがもつ、この思慕の情は、ほとんど人間の愛情のようである。

まして人間であれば「自分と似た相手を探す」ということは、まさに自然の摂理にかなったことと言えるだろう。

何しろ人間は、自分自身を愛すると同時に「魂の片割れ」を求めて、2つの魂が渾《こん》然一体《ぜんいったい》となるまで、相手と深い関わりを築くのだ！

## まずは自分自身が「善い人」となれ

しかし、ほとんどの人が「友人は自分にはない資質を備えているべきだ」という、道理に合わない馬鹿げた考えを抱く。

つまり、自分が人に与えることのできないものを、友人からほしがるわけだ。

しかし、**真に望ましいのは、まず自分自身が善い人になり、それから自分に似た人を探すこと。そうすれば、わたしの言う「揺るぎない友情」を手に入れることはずっと簡単**なはずだ。

そうして好意の絆が生まれれば、この2人は、普通の人だったらまず虜《とりこ》になってしまうであろう欲望にも、きっと打ち勝つだろう。

それから、公正かつ公平な行いに喜びを見出し、互いのためにどんな労も惜しまないだろう。

しかも、尊敬に値する正しいこと以外は相手に何も要求せず、互いに慈しみ、愛し、尊敬し合う。
これは、友情から尊敬を取り去れば、その最も貴重な〝宝〟をも取り去ることになるからだ。

**友情によって、よこしまな情熱やどんな悪事も正当化される免罪符が手に入る、と思うのは、とんでもない間違いだ。**

自然は、善行の助《すけ》っ人《と》として我々に友人を与えてくれたのであって、悪行の一味としてではない。
徳があっても、自分1人では至高の目標に到達することはできず、ほかの誰かとつながり結びついて、初めて可能となるのだ。
この種の関係は――それが今あるにしろ、かつてあったにしろ、あるいは、これから手に入れるにしろ――自然の至高善を目指す旅路において、最もすばらしく、ありがたい仲間だと心得ておくといい。

**世のなかで、手に入れる価値がある、とされているすべてのもの――名誉、栄光、**

**そして魂の平穏と喜び――は、この種の友情のなかに見つけることができる。**これらのものに恵まれていれば、人生は幸せだが、欠けているとそうはいかない。

**友人を「軽はずみ」に選んではいけない理由**

幸福は、最大にして至高の善だからこそ、それを得たければ、徳を目指してひたすら励む必要がある。

その努力なくしては、友情も、いかなる望ましいことも、見つけることはできないのだ。

徳もないのに「自分には友人がいる」と思っている者は、何かしらの悲劇によって友人だと思っていた人物がその資質を試されるような場面に遭遇したときに、ひどい失望を味わうことだろう。

そういうことだから――どれだけ言っても、言い足りないが――**十分に判断してから、友人を愛しなさい。**愛してしまってから判断することのないように。

何事においても怠慢のツケは払うものだが、なかでも**軽はずみに友人を選んでつき**

**合うと、ことのほか高くつく。**

「評決の後に論議すべからず」という昔の格言に反して、我々は行動してしまってから頭を抱えることが多い。

そんな具合だから、つき合いが長くなり、助け合って結びつきができた相手との間にも、思いがけず不快な出来事が起こって、絶交を余儀なくされる羽目になる。

**「友情のない人生」に人は耐えられるか？**

友情ほど大事なことに関して、思慮が足りぬ、というのは、最も痛烈な非難を浴びても仕方のないことだ。

**友情は、誰もが「有益だ」と口を揃《そろ》えて言う、たった1つのもの**だからだ。

人によっては、徳という概念を否定し「そんなものは、うわべを飾り、自分を売り込む以上のものではない」と考える。

また、富を軽蔑して、粗末な食事をし、ボロボロの服を着て悦に入る者もいる。

名誉の追求というのも、夢中になる者がいるかと思えば、軽薄で無意味なことだとして批判する者もいる。

どんなことでも、一方には称賛する人々がいて、もう一方には価値を感じない人々がいるものだ。

しかし、友情に関しては、誰もが例外なく同じように感じる。

政治に身を捧げる者、知を研鑽《けんさん》し学業に邁進《まいしん》する者、公的な問題から離れて商売を営む者、快楽にどっぷりと浸る者……皆の意見が一致するのは、ただ1点である。

すなわち――奴隷のような人生を送りたい場合はともかくとして――友情のない人生はあり得ない、ということだ。

いずれにせよ、**友情はあらゆる人生にそっと入り込んでくるものであるし、それなしで生きるわけにはいかない。**

ひどく粗暴で、激しい性格に生まれついたせいで、人間社会を避け、人との交流を毛嫌いする者、たとえば、伝説のアテナイのタイモン[37]のような者でさえも、毒突く相手が誰かまわりにいなければ耐えられないのだ。

わたしの言うことが正しいかどうか、こんなふうに考えてみてくれ。神々の1人に連れられて、はるか遠い場所へ行くとしよう。そこでは善良な人間が望み得る、すべてのものが豊富に与えられる。

しかし、もう二度と、人間には会わせてもらえないとしたらどうだろう？鉄のように心を固くしなければ、そのような人生には耐えられないのではないか？**完全に孤立した状態では、わたしたちは、喜びや楽しみを感じる能力を、ことごとく失ってしまう**のではないだろうか？

あの言葉は本当だな。誰が言ったか……確か、タレントゥムのアルキタス[38]だったと思うが。

かつて、わたしは老人たちからこんな話を聞いた。その老人たちも、若いときに当時の老人たちから聞いたという。

37) 紀元前5世紀に生きたと考えられている人物。彼はアリストファネスの著作に最初に登場し、シェイクスピアの戯曲のテーマにもなった。
38) 南イタリアのタレントゥムのアルキタスは、紀元前4世紀のギリシア人哲学者・科学者。

アルキタスはこう言ったそうだ。

「誰かが天へ昇ることになって、宇宙の姿と星の美しさを、しみじみ眺めるとする。だが、その奇跡の光景は、彼にとっては苦痛だろう」と。

誰か話し相手さえいたなら、どんなにかすばらしいだろうにと、彼は思うに違いないからだ。

自然は孤立したものを寵愛することはないが、いつでも何らかの助け船を出してくれるものだ。そして、真の友人こそが、まさしく最高の助け船なのだ。

## 友人からの「誠意ある批判」は感謝して受け入れよう

自然はたくさんのサインを通じて、我々に何が欠けているのか、何に向かって努力すればよいのか、何を望むべきかを伝えてくれている。にもかかわらず、どういうわけか人間の耳は塞がれていて、その声は届かない。

友人関係には多種多様な利点があるが、同時に懐疑的になったり、腹立たしいことに遭遇したりする機会も少なくない。

後者は、知恵のある者であれば、かわし、笑って済ませ、耐えられる場面も多いはずだ。

それに、**有益で信頼できる友情を望むなら、腹が立つような出来事があったときこそチャンスだ。**

**友人の助言や批判が、善意に満ちた精神から放たれたものであれば、それに耳を貸し、受け入れることを学ぶ**のだ。

「アンドロス島の女」のなかで、著者であるわたしの友人（喜劇作家テレンティウス）が語った言葉は、なかなか核心をついている。

「言いなりになれば友人ができ、真実を言えば憎まれる」[39]

真実は実際のところ、もしそれが憎しみを生むのだとすれば、厄介なものでもある。友情にとって、毒となるからだ。

しかし、友人が破壊的なふるまいへと突き進むのを、迎合と黙認によって許してしまうのは、それよりもはるかに厄介だ。

39）「アンドロス島の女（Andria）」69行目。テレンティウスは紀元前2世紀の人物。

とはいえ、もちろん最も悪いのは、真実に目を向けようとせず、お世辞に乗せられて破壊的な行動に走る本人の罪である。

だから、我々は皆、理性と気遣いをもって、ほどよい厳しさで友人に忠告し、侮辱することなく反省を促さなければならないのだ。

テレンティウスの考え方にならえば、友人を甘やかそうと思ったら、慇懃《いんぎん》に接し、お世辞を言い続ければよい。

**お世辞は、間接的な悪の手先である。**友人どころか、いかなる（奴隷でない）自由民にもふさわしからぬものだ。友人とともに生きることは、暴君とともに生きることのようであってはならない。

当然ながら、友人からの真実の言葉さえ聞こえないほど耳を閉ざしている者には、何を言っても無駄だ。

カトーの的を射た発言は山ほどあるが、次の言葉もまた正しい。

**「最悪の敵が、うわべだけ優しい友人よりも自分のためになる場合がある。前者はたびたび本当のことを言ってくれるが、後者はけっしてそれを言わないからだ」**

助言を受けたときに、苦にすべきことを苦にせず、苦にしなくていいことを苦にするのも妙な話だ。

つまり、自分が間違ったことをしたからではなく、批判されたから狼狽《ろうばい》するなんて、おかしなことではないか！

それでは完全にあべこべである。

自分の犯した過ちを嘆き、正してもらったことを喜ぶのが筋だろう。

## 「お世辞」や「迎合」から友情は生まれない

**批判をするときも、聞くときも、丁寧な態度でいてこそ真の友人といえる。**

間違いを指摘する側は、とげとげしくならないように思いやりをもって伝え、聞く側も嫌そうにせずに、腹を据えて聞かなければならない。

友人同士でやたらとお世辞を言い、こびへつらい、何でも唯々諾々と従うことほど、品位を欠き、害になることはない。

どう呼ぼうと自由だが、こちらを喜ばそうとして、思ってもいないことを言ってくる者は、軟弱で誠意のない者と思って間違いないだろう。

偽善とは、真実を見きわめる目を曇らせ、堕落させるものであり、いかなる状況下でもそうだが、特に友情において卑しむべき態度だ。

偽善は真実を破壊し、真実がなければ「友情」の言葉に意味はない。

**友情の力とは、言うなれば、別々の魂を1つにする力だ。**

**個人の内部でさえ気持ちが定まらず、ころころと変わって分裂しているようでは、そのような結びつきなど生まれるわけがないのだ。**

相手の機嫌の良し悪しや意向に左右され、表情やうなずきを見てさえ態度を変える人がいるが、これほど無節操で、一貫性のない精神がほかにあるだろうか？

彼がノーと言えば、ノー。イエスと言えば、イエス。
何でもいいから同意しておけ。それが俺のモットーさ。

これもテレンティウスの言葉だが、今度は登場人物グナトーの台詞だ。[40] この種の友情を描いて見せるのは、完全な悪ふざけと言ってよいだろう。

## 「おべっか使い」と「真の友人」を見分けるには

しかし、地位が高く裕福な名士のなかには、グナトーのような者がいくらでもいるのだ。そうした人物がお追従《ついしょう》を口にすれば、そこには危険な説得力が生まれてしまう。

ただそれでも、よく気をつければ、**おべっか使いの友人**と、**真の友人**とは見分けることができる。努力次第で、品物の真贋《しんがん》を見分けることができるのと同じだ。

平民会（古代ローマ時代に設置された、平民による民主的な会議）は学のない者であふれているが、それでもたいていは、底が浅く民衆の弱みにつけこむ扇動政治家と、堅実で誠意ある信義に厚い人物を見分けられるものだ。

最近でいえばガイウス・パピリウス（71ページ／脚注29）が護民官の再選をうたった法案を提出した際、どれだけ調子のいいことを平民会の人々の耳に囁《ささや》いたことか[41]！

40）テレンティウス「宦官《かんがん》」250行目。
41）紀元前130年の出来事。

（もちろん、わたしはそれに反対だったが、別にわたし自身のことを話したいわけではない。スキピオのことをなるべく話したいのだ）

それがあろうことか、パピリウスの演説はやけに重々しく、威厳があったのだ！

あの演説を聞いたら、彼こそが、その党派のみならずローマの人々のリーダーだと誰もが思わず言ってしまうだろう――おまえたち2人ともその場にいたし、演説は公刊されたから、これについては長々と話すまい――しかし結果として、この平民会での仮の法案は、投票によってしかと否決された。

また自分のことになってしまうが、辛抱して聞いてくれ。

覚えているだろう、スキピオの兄弟のクウィントゥス・マキシムスとルキウス・マンキヌスが執政官だったとき、ガイウス・リキニウス・クラッススが提出した神官団に関する法案は、かなり民衆寄りだった。[42]

彼は、平民会の票によって決まる空席を狙っていたのだ（ちなみに、演説のときに、初めて中央広場のほうを向いて話したのがクラッススだ）。

にもかかわらず、わたしがこの法案に対して反対演説をおこなうと「絶対的な神々への敬意」は、彼の民衆に対する「恥知らずなご機嫌取り」に、容易に打ち勝った。[43]

これは、まだわたしが執政官として選ばれる5年前、一介の法務官だったときのことだ。だから、わたしは何かしらの権威を振りかざしたわけではなく、議論の実力で群衆を説得したのだ。

### 人づき合いで注意すべき「真実」と「嘘」

さて、真実は――ひとたび明確になり、白日の下にさらされれば――嘘と欺瞞《ぎまん》のはびこる政治の舞台でも説得力をもつわけだから、全面的に真実に拠《よ》って立つ友情の場合、その重要性はいかばかりであろうか？

友人関係では、相手の率直な気持ちを知り、自分の気持ちも相手にさらけ出さない限り、確かなものも信じるに足るものも得られない、というではないか。

本当の愛の何たるかを知らない限りは、心から愛し、愛される喜びもわからないだ

42）紀元前145年の出来事。
43）クラッススの表面的な追従が、自然の成り行きとして、結果的に人々から支持されなかった様子を比喩的に表現している。

ろう。

しかし、**お世辞がいくら危険だといっても、聞く側が歓迎し、受け入れさえしなければ、害にもならない。**

そして、誰よりもお世辞を聞きたがるのは、自惚《うぬぼ》れが強く、自分のことが大好きな者なのだ。


もちろん、徳もまた自己を愛する。なぜなら、徳の価値を最もわかっていて、それがいかに愛すべきものか知っているのは、徳を備えた精神それ自体だからだ。

しかしながら、ここでわたしが話しているのは、真正の徳ではなく「徳が高い」という外聞のことだ。

**徳をもちたいと願う人は、徳をもっていると見られたい人に比べると、はるかに少ない。**

多数派である後者は、お世辞を喜び、口先だけのごますり演説を聞くと「自分にはそれだけの価値が確かにあるのだ」と思って、中身を伴わない誇大広告に飛びついてしまう。

一方は真実に耳を塞ぎ、もう一方は熱心に嘘をつく――そんなものは、友情でも何でもない。

テレンティウスの作品に出てくるほら吹きの兵士トラソがいなかったら、喜劇に登場する卑屈なイエスマンのことを、誰1人として笑えないだろう。

「タイス（トラソが思いを寄せる娼婦《しょうふ》）は、本当に心からわたしに感謝しておるのか？」[44]

この場合「ええ、大いに」と答えれば十分だろう。しかし、代わりにおべっか使いは「はい、それはもう、とてつもなく感謝しております」などと言う。

こんなふうに、おべっか使いは、いつでもパトロンが聞きたがっていることに合わせて、大げさに答えるのだ。

だから**この種の空虚なお世辞は、それを熱望し、歓迎する人に対して、最も効果を発揮する**と言えよう。

とはいえ、真面目で堅実な人であっても、より狡猾《こうかつ》な嘘に注意するよう警告してお

44）テレンティウス「宦官」391行目。舞台上の兵士トラソが、取り巻きに尋ねている。

く必要があるだろう。

底抜けの阿呆《あほう》ならいざ知らず、明らかなおべっか使いには、誰もが気づく。しかし、もっと巧みでわかりにくいタイプのおべっか使いが忍び寄ってこないようにするには、格別の注意がいる。

この手の人間を見分けるのは、非常に難しい。**異議を唱えるように見せかけて、持ち上げることすら珍しくない**からだ。

人に喧嘩を売ることで自分の土俵に誘い込み、しまいには、あえて相手に言い負かされるようにする――「カモ」にされたほうは、いかにも自分が相手よりも、ものがわかっているかのように錯覚するのだ！

これ以上にばつの悪い担がれ方があるだろうか？

自分が被害にあわないようによく注意して、こんな台詞を言わないで済むようにしなければ。

おまえのせいで、わたしは年寄りの喜劇役者のなかでも

一番の大馬鹿者となり、熟練の技でカモにされてしまった。[45]

浅はかで騙《だま》されやすい老人というのは、舞台の上でも最も滑稽な、定番の登場人物だな。

**「愛ある関係」を築いていく上で最も大切なこと**

どういうわけか、優れた人々、いわゆる賢人（現実世界の人間に可能な種類の「賢さ」を備えた人のこと）同士の友情について話していたはずが、いつの間にか軽佻浮薄《けいちょうふはく》な友人関係の話になってしまった。

だから、初めの話題に戻って、そろそろ話を締めくくるとしよう。

我が親愛なるファンニウス、そしてスカエウォラよ。

徳というものは――そうだな、友情を生み出し、守ることだといえる。

**徳は、親和性、信頼性、永続性の源だ。**

徳が頭をもたげてその光をあらわし、ほかの誰かのなかに同じ光を見たときには、

45）カエキリウス・スタティウス作「女相続人」より。

相手に引き寄せられ、自らが相手に与えるものをふたたび受け取る。

この分かち合いから、愛《アモール》または友情《アミーキティア》が輝き出す。どちらも同じ言葉（アマーレ）に由来するからだ。

**誰かを愛するということは、自分の必要性や利益を優先することなく、単純にもう1人の人間を思いやる、ということだ。**

そしてそれは、積極的に追求せずとも、いずれ友情のなかに花開く。

## 友情は「世代」を超えて楽しめるもの

わたしの若かりし日に、ルキウス・パウルス、マルクス・カトー、ガイウス・ガルス、プブリウス・ナシカ、そして親愛なるスキピオの岳父ティベリウス・グラックスといった年配の男たちに感じたのは、このような好意だった。

そしてスキピオ、ピルス、プブリウス・ルピリウス、スプリウス・ムンミウスとわたしのように、同世代であれば友情はより明るく輝くものだ。

しかし、おまえたち2人やクウィントゥス・トゥベロとのつき合いのように、わたしは歳下の者たちとの交際も心から楽しんでいるし、さらに若い、プブリウス・ルティリウスやアウルス・ウェルギニウスのような者たちとの交流も、実に楽しい。[46]
新しい世代があらわれて、上の世代に取って代わるのは人生の掟であり、自然の摂理であるのだから、この人生という道のりを、言うなれば「スタートラインに立ったときと同じ」面々と一緒に完走することができたら、本望であろう。

## 「徳」をもつ人は死んだ後も生き続ける

しかし、人間社会で起きることは、もろくはかないものなので、常に親愛の情を取り交わす相手を求めていたほうがよい。

愛情と善意が人生から消えたなら、一切の喜びも消えてしまうのだから。

実際、わたしの場合、スキピオという親友が突然奪い去られてしまったわけだが、それでも彼はわたしのなかで生きているし、これからも生き続けるだろう。

46）ルキウス・パウルス（紀元前182年と前168年）、マルクス・カトー（前195年）、ガイウス・ガルス（前166年）、プブリウス・ナシカ（前191年）、ティベリウス・グラックス（前177年）。ピルス（前136年）、プブリウス・ルピリウス（前132年）、スプリウス・ムンミウス（前146年）。クウィントゥス・トゥベロ（前118年との説あり）、プブリウス・ルティリウス（前105年）。アウルス・ウェルギニウスは詳細不明。（※執政官をつとめた年）

**わたしが愛したのは彼の徳であって、それは滅んでいないからだ。**

その徳は、ただわたし1人の目の前にあるだけではなく――いつも手の届く距離にいたのは、このわたしだが――これから生まれてくる者たちにとっても、明るく鮮明に輝き続けるはずだ。

前を行く、あの偉大な男の記憶とイメージがいつでも自分とともにあるのだ。

そう思えなかったら、誰も勇気と希望を持って、人生の重い責務を引き受けることはないだろう。

## 「真の友情」こそが人生をより豊かにしてくれる

わたしはといえば、運によってか自然によってか、数え切れないほどの恩恵を与えられたが、そのなかでも、スキピオとの友情に比べられるものなど1つもない。

公務にあっては協調し、私生活では賢明な助言を与え合い、心ゆくまで娯楽を楽しむ……そんな関係だった。

わたしが知る限り、どんなささいなことでも彼を傷つけたことはないし、聞かなければよかった、と思うような言葉を言われたこともない。同じ家で寝起きし、生活をともにした。戦地ではもちろん、旅先や、田舎での休暇中も一緒だった。

知ること、学ぶことへの情熱については、何を語る必要があろうか。我々は世間の目から離れ、寸暇《すんか》を惜しんで勉学に励んだものだ。

こうした一切の記憶や思い出が彼と一緒にこの世から消えてしまったなら、かくも身近で、親しい存在を失ったことには耐えられまい。

しかし、これらの経験は死んでいない。

それどころか、**一緒に過ごした時間を反芻《はんすう》し、回顧するうちに、思い出は育ってより確かなものとなる。**

いつの日か、スキピオを思い出す能力が奪われたとしても、自分の年齢そのものが慰めとなることだろう。もはや長い時間「彼がいなくて寂しい」とは思わずに済むのだから。

束《つか》の間の痛みなら耐えられるはずだ。それが、どんなにひどい痛みであっても。

友情について言っておきたいことは、これで全部だ。

若き友人たちよ、**くれぐれも、徳を求めて精進してほしい。それなしでは、友情は存在し得ないのだから。**

そして、徳はさておいて、人生で見つけることができる最もすばらしいもの、それが、友情だ。

（了）

# 訳者あとがき

――竹村奈央

キケロは、日本ではあまり知られていない一方、欧米ではラテン語散文の完成者、哲学者、弁論家として評価が高く、「教養の原点」とまで言われている人物だ。

その業績もさることながら、わたしが個人的に彼に惹《ひ》きつけられるのは「クリーンさ」と「人並み外れた集中力」である。

当時のローマでは、政治家が民衆の搾取や収賄で私腹を肥やし、剣闘士や私兵を雇って力を振るうということが当たり前に行われていたようだ。

しかし、そうした行為を憎んだキケロは、たびたびお金に困り、悪徳政治家たちに苦しめられた（その真面目ぶりを物語るエピソードとして、選挙戦の支援をしていた弟が「実現させられもしないことを公約するなんて、兄さんにできるわけがない」と嘆いているのも興味深い）。

裏を返せば「賄賂」や「暴力」や「人気取り」といった腹黒い要素とは無縁のまま政界の第一線にいたということは、それだけ彼の学識と良心、弁論の実力に対する人々の支持が根強かったのだと思う。

「はじめに」にもある通り、本書が書かれた時期のキケロは人生のドン底にいた。これ以上失うものはない、という状況下で別荘に引きこもって執筆に全力を注ぎ、娘の死から2年たらずで、10冊以上もの著作を書き上げたのだ。

その並外れた集中力からは「底をついた」人ゆえの迫力が感じられる。

キケロが本書を捧げた相手であるアッティクスは、学問と文化の都アテナイを拠点に成功をおさめた実業家だ。

暴力のはびこるローマで良心を貫こうと奮闘する親友・キケロを見守りながら、どんなにかハラハラしたことだろう。

でも、それを曲げられないのがキケロのよさでもあることを、アッティクスは「魂の片割れ」としてよく知っていたのかもしれない。

やがて、出版業も手掛けていたアッティクスのおかげで、キケロの書いたものの多くが後世に伝わることとなった。

キケロは本書を書いたとき、自分がいつ暗殺されてもおかしくないと悟っていたのだろうか。

あるいは「昨日の友が今日の敵」である政界に長年身を置くなかで、アッティクスの変わらぬ友情に支えられたことに対して何か感謝のメッセージを残したかったのかもしれない。

——そう思うと、少し切ない。

本書の日本語訳にあたっては、自らも「娘婿」の1人となり、博学で多才なラエリウス（実際の語り手はキケロ）の熱弁を隣で楽しむような気持ちで作業を進めるという、幸せな体験をさせてもらった。

これからいよいよ自分の世界や人間関係を築いていこうかという中高生から「友情」の純粋な楽しさを忘れかけている大人まで、多くの方々に「2000年前に生きた友人たち」の思いが届くことを願っている。

本書は、キケロの『友情について（De Amicitia)』を、わかりやすい英語を用いて再編集・翻訳した『How to Be a Friend: An Ancient Guide to True Friendship』を日本語に訳したものである。

プリンストン大学出版局（Princeton University Press）より「Ancient Wisdom for Modern Readers（哲人に学ぶ人類の知恵）」シリーズの1冊として刊行された。

HOW TO BE A FRIEND

by Marcus Tullius Cicero, translated and with an introduction by Philip Freeman



Japanese translation published by arrangement with Princeton University Press
through The English Agency (Japan) Ltd.

## 著者

キケロ（Cicero）

マルクス・トゥッリウス・キケロ（Marcus Tullius Cicero）。紀元前106年～紀元前43年。古代ローマの政治家・哲学者・文筆家。ローマ帝国の南に位置する街アルピーノで騎士階級の家に生まれる。シチリア属州判事時代に政治の腐敗を雄弁にかつ鋭く指摘、その後、数々の官職を経験し、紀元前63年に執政官（コンスル）に選ばれる。カエサルの後継者マルクス・アントニウスと反目したことで、アントニウス側の手によって命を落とす。ギリシア哲学を学び、ヘロドトスを「歴史の父」としてローマに紹介したことでも知られる。

存命中はその卓越した文才を生かし、『国家論』をはじめ、政治や倫理、宗教、老いなど幅広いテーマで著作を記した。本書はそれらのなかでも「友情」の大切さ、真の友人の見きわめ方、その時々に応じた友人関係のあり方について説いた作品『友情について（De Amicitia）』をもとしている。

## 編者

フィリップ・フリーマン（Philip Freeman）

人文学教授。ペパーダイン大学でフレッチャー・ジョーンズ西洋文化講座（西洋文化の各分野の博士号取得者が集まるプロジェクト）を主宰する。本書のシリーズにて編者、翻訳者をつとめるほか、『Searching for Sappho』（Norton）、『Oh My Gods: A Modern Retelling of Greek and Roman Myths』（Simon & Schuster）など著書多数。カリフォルニア、マリブ在住。

## 訳者

竹村奈央（たけむら・なお）

1973年、茨城県生まれ。同志社大学文学部卒業。アルバイト先の閉店を機に40代で英語をやり直し、現在は出版翻訳に携わる。共訳書に『死ぬまでに観ておきたい 世界の写真 1001』（実業之日本社）、『世界のラン大図鑑』（三省堂）がある。

**2000年前からローマの哲人は知っていた**
**人と仲良くする方法**

2020年6月9日　第1刷発行

| | |
|---|---|
| **著　者** | キケロ |
| **編　者** | フィリップ・フリーマン |
| **訳　者** | 竹村奈央 |
| **装　丁** | 重原隆 |
| **本文デザイン** | 高橋明香(おかっぱ製作所) |
| **校　正** | 株式会社ぷれす |
| **翻訳協力** | 株式会社アメリア・ネットワーク |
| **編　集** | 平沢拓・関美菜子(文響社) |
| **カバー写真** | ©ALBUM/アフロ |
| **発行者** | 山本周嗣 |
| **発行所** | 株式会社文響社<br>〒105-0001<br>東京都港区虎ノ門2-2-5 共同通信会館9F<br>ホームページ　https://bunkyosha.com<br>お問い合わせ　info@bunkyosha.com |
| **印刷・製本** | 中央精版印刷株式会社 |



ISBN978-4-86651-230-3

この本に関するご意見・ご感想をお寄せいただく場合は、郵送またはメール(info@bunkyosha.com)にてお送りください。